행정
기획론

공공부문의 전략기획과 성과관리

최현선

Administrative
Planning
Public Sphere and Strategic Planning

박영사

서문

　전 세계적으로 공공부문의 역할과 규모는 점점 커져가고 있다. 2019년 미국 정부지출규모는 국가 GDP의 35.74%에 이르며, 코로나19로 공공지출이 급격히 늘어난 2020년 정부지출은 국가 GDP의 47.1%까지 차지하고 있다.[1]

　우리나라 정부의 예산은 2020년 546.9조원(추경)에 이르며, 이와 별도로 340개에 이르는 공공기관들의 연간 예산 규모도 2020년 790.3조원(이 중 정부예산지원 규모는 89.7조원)을 상회하는 수준이다(국회예산정책처 2020. 8). 대한민국 GDP가 2020년 1,830조원(한국은행 집계) 수준임을 감안할 때,[2] 정부와 공공기관을 포함하는 대한민국 공공부문에서 매년 다루는 예산의 규모가 얼마나 큰지 복잡한 경제지표나 통계분석 없이도 누구나 쉽게 미루어 짐작할 수 있다.

　예산, 수입 등 재정적 관점뿐 아니라 공공복지 · 서비스의 양과 질이 함께 확대되면서 공공부문에서 운영하는 다양한 제도들이 국민들의 일상에 미치는 영향도 빠르게 커지고 있다. 뿐만 아니라 공공조직의 규모가 커지고 조직원들의 노동권과 복리후생여건이 향상되면서 공공부문의 일자리는 양적, 질적으로 우리나라 노동시장에 새로운 기준으로 부상하고 있다. 2019년 통계청 발표에 의하면 우리나라 공공

1　Statistm, https://www.statista.com/statistics/268356/ratio-of-government-expenditure-to-gross-domestic-product-gdp-in-the-united-states/., accessed May 20, 2021.

2　한국경제, https://www.hankyung.com/economy/article/2021012648591, 2021년 05월 21일 검색.

부문의 일자리는 260만 2천개에 달하고 있으며,[3] 이러한 일자리의 질이 우리사회에서 높게 평가되면서 공공부문의 채용정책은 어느새 취업을 준비하는 청년들에게 가장 높은 관심을 불러일으키는 이슈 중 하나로 부상하고 있다. 일례로 2017년부터 공공부문 비정규직의 정규직화 정책이 추진되면서 해당 이슈에 대한 사회적 관심이 극대화된 사례도 있었다.

이와 같이 국가경제 및 국민의 삶 속에서 공공부문의 위상과 영향력이 커질수록 함께 고려되어야 할 공공조직 경영에 대한 더 큰 책임성이 요구될 수밖에 없다. 공정하고 건전한 조직운영과 바람직한 성과관리에 대한 국민의 요구가 확대되는 것이다.

그렇다면 격변과 전환의 시대 혹은 포스트코로나와 뉴노멀의 시대로 불리는 오늘의 대한민국에서, 공공부문 조직경영체계는 어떻게 관리되어야 하며, 어떠한 혁신과 공공가치가 실현되어야 하는가? 대한민국 공공조직들은 변화하는 시대적 요구를 자신들의 경영전략에 어떠한 방식으로 내재화해야 하는가? 기후위기, 양극화, 불평등, 소외 등 현대 사회의 문제점들에 대응하여 공공부문이 할 수 있는 일은 무엇이며, 어떻게 국민들과 공감하며 함께 더 나은 사회상을 만들어갈 수 있을까?

본 저서『행정기획론: 공공부문의 전략기획과 성과관리』는 이러한 질문들을 토대로 시대적 요구와 변화에 부합하는 공공부문 전략기획과 성과관리의 방향성을 제안하고자 한다. 『행정기획론: 공공부문의 전략기획과 성과관리』는 본 저서인 '기초편'과 '심화 및 사례편' 총 2권의 시리즈 형태로 구성되어 있으며 권별 주요 내용 및 저술 목적은 다음과 같다.

---

3   통계청 보도자료, "2019년 공공부문 일자리통계", 2021.01.20.

- 기초편: 일반적인 공공부문 성과관리 및 전략기획에 대한 리뷰 및 오늘의 대한민국 공공부문이 추구해야 할 전략적 방향성 모색과 제안
- 심화 및 사례편: 공공기관의 성과관리 관점에서 본 조직경영 방향과 성과관리 (경영실적평가 대응방안을 중심으로) 방안 탐구/ 사회적 가치, 혁신, 국민참여 우수사례분석을 중심으로 공공부문의 조직들 (특히 공공기관 사례를 중심으로)의 실천적인 사업 추진방법과 예시 제안

본 저서는 비교적 일반적인 독자층을 대상으로 공공부문의 전략기획수립 및 성과관리의 방법론을 다루고자 한다. 그러나 이미 기존 학술저서 등에서 많이 다루고 있는 경영기획, 공공부문 성과관리 기법, 이론들을 총망라하기보다, 현재 우리나라 공공기관 등에서 가장 빈번하게 활용되는 기획·성과관리 방법론들이 선택적으로 다루어지고 있다. 따라서 민간기업에 특화되었거나 기술적으로 적용하기 매우 어려운 경영관리기법들은 되도록 제외하였고, 우리나라 공공부문에 대한 법정 평가체계를 대응하기 위해 일선 현장에서 선호되는 전략수립 방안, 성과관리체계 이론을 중심으로 내용을 구성하였다. 본 저서는 공공조직에서 전략기획 및 성과관리 업무를 처음 맡게 된 실무진이나 공공행정을 전공하는 대학생, 대학원생의 관점에서 유용한 지식을 제공하는 데 목적을 두고 있다.

또한 행정기획론의 이론과 방법론을 실용적인 관점에서 제시할 뿐 아니라, 지속가능성, 사회적 가치, 포스트코로나 등 오늘날 우리나라뿐 아니라 글로벌 사회가 추구하고 있는 공공조직경영의 새로운 패러다임을 중점적으로 조명하였다. 이는 오늘날 우리나라뿐 아니라 글로벌 사회가 추구하고 있는 조직경영패러다임의 전환을 반영하기 위함

이다. 본 저서를 통해 사회적·시대적 요구가 어떻게 국가 정책의제로 재탄생하며, 이러한 정책들이 어떻게 공공조직의 경영체계에 내재화되어야 하는지를 일선 현장의 관점에서 재구성하고자 하였다.

『행정기획론: 공공부문의 전략기획과 성과관리』의 구체적 내용은 다음과 같다.

　제1부 「공공부문의 기획과 성과관리」는 총 3장으로 구성되어 있다.

　　제1장 "공공부문이란 무엇인가"는 공공부문의 개념과 범주, 기능과 역할, 성과관리의 필요성 등을 이론적 관점에서 논의한다. 또한 현재 대한민국 공공부문의 개관의 차원에서 간략하게 제시하고 있다.

　　제2장 "공공부문의 전략과 성과관리"에서는 공공부문의 성과관리제도 및 현재 대한민국 정부의 성과관리체계의 현황과 구조를 큰 틀에서 파악할 수 있도록 요약·정리하고 있다.

　　제3장 "전략적 기획: 수립 절차와 관련 기법"은 우리나라 공공부문 일선에서 자주 활용되는 전략기획 수립 및 성과관리 방법을 독자가 쉽게 이해할 수 있도록 정리하여 제시하고 있다. 해당 파트는 전략기획이나 성과관리 방법에 아직 익숙하지 않은 관련 분야 전공생 및 일선 실무진들을 위한 일종의 '전략수립과 성과관리 매뉴얼'의 성격을 가지고 있다.

　제2부 「오늘의 대한민국, 공공부문의 지향점」은 총 3장으로 구성되어 있다.

　　제1장 "공공부문, 새로운 가치를 찾아서"는 현재 우리나라 공공부문의 주요 화두인 '사회적 가치' 개념을 중심으로 현대 사회에서 공공부문의 역할과 지향점을 폭넓은 관점에서 다루고 있다. 특히 지속가능경영, 사회적 책임 등의 새로운

패러다임을 전 세계 민간, 공공조직의 경영방식에 어떻게 내재화하고 있으며 이를 독려하고 평가하기 위해 어떠한 방법이나 기준이 사용되고 있는지를 중점적으로 논의하고 있다. 특히 최근 세계 기업들의 이목을 집중하고 있는 ESG 경영혁신체계 등 글로벌 사회에서 중요시되는 방법론이나 이니셔티브들이 함께 제시되고 있다.

제2장 "사회적 가치와 대한민국 정부혁신 방향"은 우리나라 정부 국정방향에 '사회적 가치' 개념이 갖는 비중과 의미를 정리하고, 개별 조직 차원에서 사회적 가치를 내재화하기 위해 단계별로 어떠한 노력이 필요하며, 어떠한 측면에서 각별한 유의가 필요한지를 간략하게 있다. 또한 최근 정부 아젠다로 새롭게 부각되기 시작한 개념인 '적극행정'에 대한 논의도 함께 언급되고 있다. 우리나라에서도 적극행정 추진체계가 구체화되고 법제도적 근거가 강화되면서, 공공부문 조직경영체계 안에 이를 내재화하고 우수성과를 창출하기 위한 범정부 차원의 노력이 빠르게 확산되고 있는 상황이라 할 수 있다.

제3장 "포스트코로나 시대와 공공부문"은 전 세계를 충격과 대격변의 시대로 몰아넣은 코로나19 팬데믹 위기에 대응하여 공공부문의 나아가야 할 방향성에 대해 논의하고자 한다. 특히 한국판 뉴딜계획을 중심으로 계획실현 임무를 각기 부여받은 공공부문들이 어떻게 현 상황을 이해하고 적응해야 하는지를 돕기 위해 뉴딜 정책의 취지, 내용 등을 요약 · 제시하고, 일선에서 뉴딜목표를 조직에 적용하는 가운데 발생하는 이슈들을 검토하였다.

한편 본 저서는 행정기획론에 관련된 방법론, 이슈, 방향성을 큰 틀에서 파노라마 형태로 이해하는 데 목표를 두었으므로, 현장에서 필요로 하는 매우 구체적인 적용방법이나 주요 이슈별로 심화된 논의까지 전개되지는 않았다. 이러한 접근법은 주로 심화편에서 활용되며, '공공기관'을 중심으로 전략체계, 성과평가, 주요 정책목표 적용 등의 이슈가 집중적으로 다루어질 예정이다. 따라서 '기초편'을 통해 공공부문 전략기획의 방향성에 대한 개략적인 이해를 높이고, '심화 및 사례편'을 통해 실질적·전문적인 방법론을 학습한다면 행정기획론에 대한 체계적인 지식이 형성되리라 기대된다. 또한 '심화 및 사례편'을 통해 독자들이 실제 우리나라 공공부문의 일선 현장에서 활용될 수 있는 체감형 지식을 확대할 수 있기를 기대한다.

감사의 말씀

많은 분들의 성원과 도움이 있었기에 본 저서가 세상에 나올 수 있었습니다. 스승님이신 연세대 박우서 교수님과 미국 남가주 대학교 (University of Southern California) David C. Sloane 교수님의 가르침에 감사를 드립니다. 본 저서가 나오기까지 조언과 도움을 아끼지 않은 박정윤 박사님, 이은지 박사님께 감사를 드립니다. 특히 두 박사님과 함께 '심화편'과 '사례와 적용' 시리즈를 함께 공저하게 되어 큰 영광입니다. 부족한 저자와 늘 함께 하여 준 가족에게 모든 공과 사랑을 보냅니다. 가족들의 사랑과 도움이 없었다면 좋은 결과물들이 나오기 힘들었다고 생각합니다. 아내 주라, 아들 강훈의 한없는 도움과 사랑에 늘 감사합니다.

우리의 삶 자체도 늘 기획하고 이를 이루기 위한 노력이라고 생각합니다. 전문분야에서의 성과와 성취를 위한 노력과 함께, 삶에 대한 끊임없는 도전과 노력을 하고 있는 우리를 위하여 이 책을 바칩니다.

2021년 5월
저자 최현선

차 례

◎ 제3절 전략적 기획: 수립 절차와 관련 기법

공공부문의 기획과 성과관리

01 공공부문이란 무엇인가

제1부에서는 공공부문의 개념과 대한민국의 공공부문을 개략적으로 이해하고, 공공부문의 성과관리 추진체계를 고찰한다. 그리고 우리나라 일선에서 자주 활용되고 있는 전략기획 수립과 성과관리 방법을 소개한다.

1. 공공부문의 개념

1) 공공부문의 이론적 개념 및 범주

공공부문(public sector)이란 일반적으로 민간부문과 대비되는 개념으로, 공공기관의 활동분야를 의미한다. 그러나 공공부문의 개념은 실제 여러 의미가 혼재되어 활용되고 있으며, 학문 분야에 따라 다양하게 정의되고 있다(정재하 2005, 7–14).

법적 관점에서 공공부문은 공법의 적용을 받으며, 권력의 행사 및 이에 따른 업무를 수행하거나, 공공재와 공공서비스의 생산 및 제공이 이루어지는 분야로 한정된다. 경제학적 관점에서 공공부문의 개념은 시장과 대칭을 이루는 개념으로 사용되고 있다. 경제학에서 공공부문에 대한 논의는 주로 자원배분·생산·유통에 있어서 정부 및 공공기관의 개입 여부와 목적 여부에 따라 구분하고 있다. 경영학적 관점에서는 공공부문을 노사관계와 관련하여 고용과 근로조건, 임금,

채용 및 승진 관련 의사결정에 정부가 영향을 미치는 분야로 보고 있다. 정치학적 관점에서 공공부문의 개념은 시장과 사적활동을 보호하기 위한 최소한의 국가 역할과 관련하여 형성되어 왔다. 행정학적 관점에서 공공부문은 일반적으로 공공기관이 행하는 일련의 활동 및 이들 기관이 의사를 결정하고 집행하는 영역 모두 포함하고 있다. 이 관점에 따르면 공공부문은 자원의 배분, 재분배 및 규제와 연관된 정부 활동으로 파악할 수 있다.

이처럼 공공부문의 개념은 그 다양성으로 인하여 공공부문의 범위에 대해서도 일관적인 기준에 대한 합의가 이루어지지 않고 있다. 공공부문은 각국의 역사적·제도적·문화적 배경하에 상이한 경로를 채택하였기 때문에 공공부문의 일반적인 범위를 한정하기는 쉽지 않다. 게다가 한국사회에서 공공부문은 국민 생활의 전 부분에서 주요한 기능을 수행하며 지속적으로 확대되고 있다. 따라서 이 책에서는 공공부문을 공공의 이익을 목적으로 존재하는 부문으로 정의하며, 공공부문의 범주에 정부의 투자·출자 또는 정부의 재정지원 등으로 설립·운영되는 기관으로서 「공공기관의 운영에 관한 법률」제4조 제1항 각 호의 요건에 해당하여 기획재정부 장관이 지정한 기관(공기업, 준정부기관, 기타공공기관)을 포함하는 것으로 이해한다.

2) 공공부문의 책임 있는 운영과 성과관리의 중요성

1980년대에 신공공관리(New Public Management: NPM)의 이념에 입각한 정부개혁이 시작되면서, 우리나라에서도 1990년대에 들어 효율성을 강조하는 민간부분의 경영방식이 공공부문에 도입되기 시작하였다. 이를 통해 공공부문 내 경쟁이 확산되었으며(민영화·외부위탁 등), 성과관리가 강화되고 성과계약이 도입되었다. 이 과정 속에서 공기업과 준정부기관 등이 증가하였고 공공부문의 다양화가 가속화되었다. 공공부문은 국민의 세금에서 비롯한 재원을 사용한다는 점에서 '책임성(accountability)'의 의무를 지고 있다. 특히 공기업과 준정부기관이 증가하면서 이들에 대한 통제와 책임성의 문제가 중요한 과제가 되었다.

공공부문의 궁극적인 주인은 국민이다. 그러나 공공부문의 특성상 주인-대리인 문제를 안고 있기 때문에 주인인 국민의 이익보다 부처나 공공기관의 이익을 우선시할 가능성이 크다. 또한, 외부효과가 발생하는 공공서비스의 특징으로 인해 공공부문의 비효율성 발생이 불가피한 측면이 있다. 그리고 민간부문에 비해 주로 비경합적 영역에서 업무가 진행되는 공공부문은 당연히 경쟁력, 생산성 등에 대한 압박이 상대적으로 적기 때문에, 빠르게 변화하는 대내외적 환경에 적절하게 대응하는 것에도 한계가 있다. 이러한 공공부문의 내재적 문제에 효과적으로 대응하기 위하여 공공부문에 성과관리체계의 구축이 요구된다.

우리나라는 1990년대 후반부터 공공부문의 생산성과 효율성 향상, 투명성과 책임성 강화, 국민에게 양질의 서비스 제공 등을 위해 성과관리 제도를 본격적으로 도입하여 시행해 오고 있다. 그러나 이러한 노력에도 불구하고 최근 한국토지주택공사(LH) 직원들의 신도시 땅투기 의혹 사태와 같은 사건들이 발생할 때마다 공공부문에 대한 국민들의 신뢰성이 크게 훼손될 수밖에 없다. 공공부문의 책임 있는 운영과 성과관리가 요구되는 이유가 여기에 있다.

2. 대한민국의 공공부문

각 국가들은 자국의 사정에 부합하는 공공부문의 범위를 정하고 있다. 여기서는 우리나라 공공부문의 범위와 현황에 대해 알아본다. 특히 「정부업무평가 기본법」상 정부업무평가[1]를 받는 공공부문을 중심으로 그 범위와 현황에 대해 정리한다.

1) 정부조직[2]

대한민국의 정부조직 혹은 행정조직은 국가 또는 행정부의 행정사무를 수행하기 위하여 설치된 행정기관의 체계적인 기구를 의미한다. 광의로 해석할 때에는 입법 및 사법기관의 조직을 포함하기도 하나 일반적으로 행정부의 조직을 의미하며, 「정부조직법」상으로는 지방자치단체를 제외한 중앙정부의 조직이 해당된다. 국가행정기관(「정부조직법」에서 정부조직은 국가행정기관이라는 용어로 사용한다)은 중앙행정기관, 특별지방행정기관, 부속기관, 합의제행정기관 등으로 구성된다.

그림 1   정부조직체계

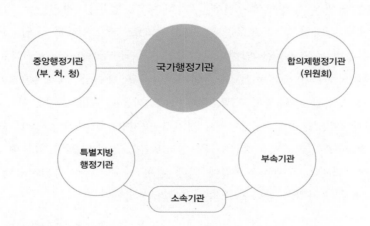

자료: 정부조직관리정보시스템.

---

1   공공부문 경영평가에 대한 논의는 이후 자세하게 상술하므로, 이 장에서는 생략한다.
2   정부조직관리정보시스템, https://www.org.go.kr/intrcn/orgnzt/viewDc.do, 2021.05.22 검색.

중앙행정기관은 「정부조직법」에 의해 설치된 부·처·청을 말하며, 국가행정사무를 담당하기 위하여 설치된 행정기관으로서 그 관할권의 범위가 전국에 미치는 기관을 의미한다. 관할권의 범위가 전국에 미친다고 하여도 다른 행정기관에 부속하여 이를 지원하는 행정기관은 제외한다. 중앙행정기관은 원칙적으로 「정부조직법」에 의해 설치된 부·처·청만을 의미하지만, 개별 법률에 의하여 중앙행정기관을 설치할 수도 있다.[3]

특별지방행정기관은 특정한 중앙행정기관의 업무 중 지역적 업무를 당해 관할 구역 내에서 처리할 수 있도록 해당 지역에 설치한 행정기관을 말한다. 예를 들어, 지방국세청·지방관세청, 지방경찰청·지방검찰청, 우체국, 출입국관리사무소, 교도소 등이 이에 해당한다. 특별지방행정기관은 당해 중앙행정기관의 소속하에 설치되며, 대통령령(각 부처 직제)으로 설치할 수 있다. 특별지방행정기관은 국가사무를 해당 지역에서 처리한다는 측면에서 지방자치 사무를 수행하는 지방자치단체와는 구별된다.

부속기관은 중앙행정기관에 부속하여 그 업무를 지원하는 기관을 말하며 시험연구·교육훈련·문화·의료·제조·자문 등의 기능을 수행하는 기관들을 말한다. 시험연구기관(국립보건원, 국립과학수사연구원, 국립방재연구소 등), 교육훈련기관(교육원, 연수원, 국립예술종합학교 등), 문화기관(국립중앙극장, 국립현대미술관, 박물관, 유적지관리소 등), 의료기관(경찰병원, 9개 국립병원 등), 제조기관(현재는 해당기관이 없으나 종전 철도청산하공장 등), 자문기관[(자문·심의)위원회, 심의회 등]이 있으며 해당 행정기관의 직제(대통령령)에 의해 설치할 수 있다. 특별지방행정기관과 부속기관을 합하여 소속기관이라 정의한다.

3　현재 개별 법률에서 중앙행정기관으로 명시한 기관은 방송통신위원회(「방송통신위원회의 설치 및 운영에 관한 법률」), 공정거래위원회(「독점규제 및 공정거래에 관한 법률」)와 금융위원회(「금융위원회의 설치 등에 관한 법률」)의 3개 기관이 있다.

합의제 행정기관(위원회)은 행정기관의 소관사무 일부를 독립하여 수행할 필요가 있는 경우에 법률이 정하는 바에 의하여 둘 수 있다. 합의제 행정기관은 소속에 따라 헌법상 설치기관, 대통령·총리소속기관, 각 부처 소속기관으로 분류된다. 합의제 행정기관으로는 국민권익위원회, 금융위원회, 공정거래위원회 등이 있다.

정부위원회는 '합의제행정기관인 행정위원회'와 '자문위원회'를 통틀어 부르는 말이다. '행정위원회'는 법률에 근거하여 설치하며 사무국 등 하부조직을 설치할 수 있으나, '자문위원회'는 대통령령에 근거하여 설치할 수 있으며, 원칙적으로 하부조직을 설치할 수 없다.

그림 2　정부기구도

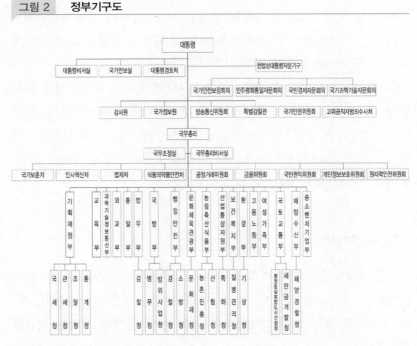

자료: 정부조직관리정보시스템.
주: 정부기구도는 「정부조직법」에 근거함(시행 2020.9.12.)

2) 지방자치단체

지방자치단체란 일정한 '구역'과 '주민'을 기반으로 국가로부터 부여된 일정한 '자치권'을 행사하는 공공 법인체를 말한다. 국가의 3요소로 국민, 영토, 주권이 제시되듯이 지방자치단체의 3대 구성요소로 구역, 주민, 자치권이 거론된다. 우선 구역은 지방자치단체의 자치권이 미치는 지리적인 영역을 말한다. 모든 지방자치단체는 기본적으로 다른 지방자치단체의 구역과 중첩되지 않는 자신의 구역을 가진다. 주민은 일정 지역에 주소를 둔 사람으로, 지방자치단체의 가장 중요한 요소 중 하나이다. 우리나라 「지방자치법」은 "지방자치단체의 구역 안에 주소를 가진 자는 그 지방자치단체의 주민이 된다."라고 규정하고 있다. 그리고 자치권은 일정한 지역 내에서 지방자치단체가 국가로부터 부여받은 일정한 권한의 범위 내에서 주민을 위해 자율적으로 공공사무를 처리할 권한을 의미한다.

우리나라의 지방자치단체는 광역자치단체와 기초자치단체로 구분된다. 광역지방자치단체에는 특별시, 광역시, 도, 특별자치시, 특별자치도가, 기초자치단체에는 시, 군, 자치구가 있다. 우리나라는 1특별시, 6광역시, 1특별자치시, 8도, 1특별자치도하에 총 75시, 82군, 69자치구가 존재한다(2019년 12월 31일 기준).

3) 공공기관

공공기관이란 정부의 투자 출자 또는 정부의 재정지원 등으로 설립 운영되는 기관으로서 「공공기관의 운영에 관한 법률(이하 공운법)」 제4조 제1항 각 호의 요건에 해당하여 기획재정부장관이 지정한 기관을 의미한다.

「공운법」 제4조에 따라 지정된 공공기관은 동법 제5조에 따라 공기업·준정부기관과 기타공공기관으로 구분된다. 공공기관의 유형을 구분하는 목적은 공공기관의 업무특성과 중요도를 반영하여 맞춤형 지배구조와 관리 감독 수준을 설계하기 위함에 있다. 공공기관의 유형에 따라 「공운법」상 적용되는 규정이 달라지는데, 공공기관 중 공기업·준정부기관은 상기한 공통사항[4] 이외에도 이사회, 임원 임명 및 구성, 예산 회계, 경영감독 등 「공운법」 제16조에서 제52조의6에 이르는 규정과 보칙 제54조의 적용대상이 된다.

공공기관의 유형은 다음의 표와 같이 나뉜다.

|표 1| **공공기관의 유형**

구분		내용
공기업		직원 정원이 50인 이상이고, 자체수입액이 총수입액의 2분의 1 이상인 공공기관 중에서 기획재정부장관이 지정한 기관
	시장형	자산규모가 2조원 이상이고, 총수입액 중 자체수입액이 85% 이상인 공기업(한국전력공사, 한국가스공사 등)
	준시장형	시장형 공기업이 아닌 공기업(한국조폐공사, 한국방송광고진흥공사 등)
준정부기관		직원 정원이 50인 이상이고, 공기업이 아닌 공공기관 중에서 기획재정부장관이 지정한 기관
	기금관리형	국가재정법에 따라 기금을 관리하거나, 기금의 관리를 위탁받은 준정부기관(국민체육진흥공단, 국민연금공단 등)
	위탁집행형	기금관리형 준정부기관이 아닌 준정부기관(한국국제협력단, 한국장학재단 등)
기타공공기관		공기업, 준정부기관이 아닌 공공기관

자료: 공공기관 경영정보 공개시스템 ALIO.

---

4 전체 공공기관에 적용되는 「공운법」 조항은 제11조-제15조, 보칙 제53조-제53조의3 및 벌칙 제55조-제56조이다.

공기업과 준정부기관은 직원 정원이 50인 이상인 공공기관 중에서 지정하며 자체 수입액 비중, 자산규모, 기금관리 여부 등을 기준으로 세부유형을 구분한다.

우선, 공기업은 직원 정원이 50인 이상으로 자체수입액이 총수입액의 2분의 1 이상인 기관 중에서 지정하며 시장형 공기업과 준시장형 공기업으로 유형을 세분한다. 시장형은 자산규모가 2조원 이상이고, 총수입액 중 자체수입액이 차지하는 비중이 85% 이상인 공기업을, 준시장형 공기업은 시장형 공기업을 제외한 나머지 공기업을 말한다.

한편, 준정부기관은 직원 정원이 50인 이상이고 공기업이 아닌 공공기관 중에서 지정하며 기금관리형 준정부기관과 위탁집행형 준정부기관으로 유형을 세분한다. 기금관리형 준정부기관은 「국가재정법」에 따라 기금을 관리하거나 기금의 관리를 위탁받은 준정부기관을, 위탁집행형 준정부기관은 기금관리형 준정부기관이 아닌 준정부기관을 말한다.

공공기관 중 공기업 또는 준정부기관으로 지정되지 아니한 나머지 기관을 기타공공기관으로 지정한다. 여기에는 직원 정원이 50인 미만인 공공기관, 직원 정원이 50인 이상이나 공기업 또는 준정부기관으로 지정되지 아니한 공공기관이 포함된다.

기획재정부는 2018년 3월 「공운법」 개정을 통해 기타공공기관 중 일부 기관을 연구 개발목적의 기관으로 세분할 수 있는 근거를 마련하였다. 「공운법」 개정 이전에는 공기업과 준정부기관의 세부유형을 구분하는 기준만 「공운법」에 명문화되어 있었다. 「공운법」 제5조 제4항의 개정을 통해 기타공공기관의 세부유형을 구분하는 기준이 최초로 마련되었으며, 동법 시행령 제7조의2에서 연구개발목적기관의 요건을 정하고 있다. 제1호는 「정부출연연구기관 등의 설립 · 운영 및 육성에 관한 법률(이하 정부출연기관법)」에 따라 설립된 정부출연연구기관 및 경제 인문사회연구회, 제2호는 「과학기술분야 정부출연연구기관 등의 설립 · 운영 및 육성에 관한 법률(이하 과기출연기관법)」에 따라 설립된 과학기술분야 정부출연연구기관 및 국가과학기술연구회, 제3호는 그 밖의 연구개발 목적기관으로 공공기관운영위원회에서 정하는 기관을 말한다. 제3호에 의한 연구개발목적기관은 설립근거법령 또는 정관에 규정된 설립목적 및 고유업무와 실제 기관이 수행하는 연구개발업무의 비중(예산, 인력) 등을 고려하여 분류한다.

2021년 공공기관 지정부터는 개정된 「공운법」 제5조에 따라 공기업 준정부기관 및 기타공공기관의 유형이 구분되기 시작하였다. 종전 「공운법」 제5조는 공기업 준정부기관과 기타공공기관의 지정기준을 직원 정원(50인)으로만 규정하고 하고 있어 법률 개정 요구가 꾸준히 제기되어 왔다. 이에 따라 기획재정부는 2020년 3월 31일 「공운법」 개정을 통해 공기업 준정부기관과 기타공공기관의 구분기준을 세분화하여 규정하고 2021년 1월 1일부터 시행하였다.

2020년 1월 기준 공공기관은 총 340개 기관으로, 공기업 36개(시장형 16개, 준시장형 20개), 준정부기관 95개(기금관리형 13개, 위탁집행형 82개), 기타공공기관 209개 기관이 지정되어 있다. 2020년 1월 정기지정에 따라 기획재정부는 공공기관 지정 요건에 부합하는 4개 기관을 신규로 지정하였고, 기존 공공기관 중 해산되었거나 정부지원 축소 등으로 지정의 필요성이 감소한 3개 기관을 지정에서 해제하는 등 총 340개 기관을 공공기관으로 확정하였다. 또한 정원의 증가, 신규 지정 후 일정 기간의 경과와 같은 여건 변화를 반영하여 3개 공공기관의 유형을 변경하였다. 2020년 공공기관 지정 현황을 살펴보면 다음 표와 같다.

표 2 2020년 공공기관 현황(2020년 1월 기준 총 340개)

유형구분	기관명
시장형 공기업 (16개)	(산업부) 한국가스공사, 한국광물자원공사, 한국남동발전㈜, 한국남부발전㈜, 한국동서발전㈜, 한국서부발전㈜, 한국석유공사, 한국수력원자력㈜, 한국전력공사, 한국중부발전㈜, 한국지역난방공사, ㈜강원랜드 (국토부) 인천국제공항공사, 한국공항공사 (해수부) 부산항만공사, 인천항만공사
준시장형 공기업 (20개)	(기재부) 한국조폐공사 (문화부) 그랜드코리아레저㈜ (농식품부) 한국마사회 (산업부) ㈜한국가스기술공사, 대한석탄공사, 한국전력기술주식회사, 한전KDN㈜, 한전KPS㈜ (환경부) 한국수자원공사 (국토부) 제주국제자유도시개발센터, 주택도시보증공사, 한국감정원, 한국도로공사, 한국철도공사, 한국토지주택공사, 주식회사 에스알 (해수부) 여수광양항만공사, 울산항만공사, 해양환경공단 (방통위) 한국방송광고진흥공사
기금관리형 준정부기관 (13개)	(교육부) 사립학교교직원연금공단 (문화부) 서울올림픽기념국민체육진흥공단, 한국언론진흥재단 (산업부) 한국무역보험공사 (복지부) 국민연금공단 (고용부) 근로복지공단 (중기부) 기술보증기금, 중소벤처기업진흥공단 (금융위) 신용보증기금, 예금보험공사, 한국자산관리공사, 한국주택금융공사 (인사처) 공무원연금공단

위탁집행형 준정부기관 (82개)	(기재부) 한국재정정보원 (교육부) 한국교육학술정보원, 한국장학재단 (과기부) (재)우체국금융개발원, (재)한국우편사업진흥원, (재)우체국물류지원단, 　　　　　정보통신산업진흥원, 한국과학창의재단, 한국방송통신전파진흥원, 　　　　　한국연구재단, 한국인터넷진흥원, 한국정보화진흥원, 연구개발특구진흥재단 (외교부) 한국국제협력단 (행안부) 한국승강기안전공단 (문화부) 국제방송교류재단, 한국콘텐츠진흥원, 아시아문화원, 한국관광공사 (농식품부) 농림수산식품교육문화정보원, 농림식품기술기획평가원, 　　　　　축산물품질평가원, 한국농수산식품유통공사, 한국농어촌공사 (산업부) 대한무역투자진흥공사, 한국가스안전공사, 한국광해관리공단, 　　　　　한국디자인진흥원, 한국산업기술진흥원, 한국산업기술평가관리원, 　　　　　한국산업단지공단, 한국석유관리원, 한국에너지공단, 　　　　　한국에너지기술평가원, 한국전기안전공사, 한국전력거래소, 　　　　　한국원자력환경공단* (복지부) 건강보험심사평가원, 국민건강보험공단, 한국식품산업클러스터진흥원, 한국노인인력개발원, 한국보건복지인력개발원, 한국보건산업진흥원, 한국보육진흥원, 한국건강증진개발원 (환경부) 국립공원공단, 국립생태원, 한국환경공단, 한국환경산업기술원 (고용부) 한국고용정보원, 한국산업안전보건공단, 한국산업인력공단, 한국장애인고용 　　　　　공단 (여가부) 한국청소년상담복지개발원, 한국청소년활동진흥원, 한국건강가정진흥원* (국토부) 한국교통안전공단, 국토교통과학기술진흥원, 한국국토정보공사, 　　　　　한국시설안전공단, 국가철도공단, 재단법인 대한건설기계안전관리원 (해수부) 한국해양교통안전공단, 한국수산자원공단, 한국해양수산연수원, 　　　　　해양수산과학기술진흥원 (중기부) 중소기업기술정보진흥원, 소상공인시장진흥공단, 창업진흥원 (방통위) 시청자미디어재단 (공정위) 한국소비자원 (보훈처) 독립기념관, 한국보훈복지의료공단 (식약처) 한국식품안전관리인증원 (경찰청) 도로교통공단 (소방청) 한국소방산업기술원 (산림청) 한국임업진흥원, 한국산림복지진흥원, 한국수목원관리원* (농진청) 농업기술실용화재단 (특허청) 한국특허전략개발원 (기상청) 한국기상산업기술원

기타공공기관 (209개)	(기재부) 한국투자공사, 한국수출입은행 (교육부) 강릉원주대학교치과병원, 강원대학교병원, 경북대학교병원, 　　　　　경북대학교치과병원, 경상대학교병원, 국가평생교육진흥원, 　　　　　동북아역사재단, 부산대학교병원, 부산대학교치과병원, 서울대학교병원, 　　　　　서울대학교치과병원, 전남대학교병원, 전북대학교병원, 제주대학교병원, 　　　　　충남대학교병원, 충북대학교병원, 한국고전번역원, 한국사학진흥재단, 　　　　　한국학중앙연구원 (과기부) 과학기술일자리진흥원, (재)우체국시설관리단, 광주과학기술원, 　　　　　국가과학기술연구회, 국립광주과학관, 국립대구과학관, 국립부산과학관, 　　　　　기초과학연구원, 대구경북과학기술원, 울산과학기술원, 　　　　　재단법인 한국여성과학기술인지원센터, 한국건설기술연구원, 　　　　　한국과학기술기획평가원, 한국과학기술연구원, 한국과학기술원, 　　　　　한국과학기술정보연구원, 한국기계연구원, 한국기초과학지원연구원, 　　　　　한국나노기술원, 한국데이터산업진흥원, 한국생명공학연구원, 　　　　　한국생산기술연구원, 한국식품연구원, 한국에너지기술연구원, 한국원자력연구원, 　　　　　한국원자력의학원, 한국전기연구원, 한국전자통신연구원, 한국지질자원연구원, 　　　　　한국천문연구원, 한국철도기술연구원, 한국표준과학연구원, 한국한의학연구원, 　　　　　한국항공우주연구원, 한국화학연구원 (외교부) 한국국제교류재단, 재외동포재단 (통일부) 북한이탈주민지원재단, (사)남북교류협력지원협회 (법무부) 대한법률구조공단, 정부법무공단, 한국법무보호복지공단 (국방부) 국방전직교육원, 전쟁기념사업회, 한국국방연구원 (행안부) (재)일제강제동원피해자지원재단, 민주화운동기념사업회 (문화부) 재단법인 국악방송, (재)예술경영지원센터, 예술의전당, 한국문화정보원, 　　　　　게임물관리위원회, 국립박물관문화재단, 대한장애인체육회, 대한체육회, 　　　　　세종학당재단, 영상물등급위원회, 태권도진흥재단, 　　　　　한국공예디자인문화진흥원, 한국도박문제관리센터, 한국문학번역원, 　　　　　한국문화관광연구원, 한국문화예술교육진흥원, 한국문화진흥주식회사, 　　　　　한국영상자료원, 한국예술인복지재단, 한국저작권보호원, 　　　　　한국저작권위원회, 한국체육산업개발㈜, 한국출판문화산업진흥원, 　　　　　영화진흥위원회, 한국문화예술위원회 (농식품부) (재)한식진흥원, 가축위생방역지원본부, 국제식물검역인증원, 농업정책보 　　　　　험금융원, 한국식품산업클러스터진흥원, (재)축산환경관리원** (산업부) (재)한국스마트그리드사업단, 전략물자관리원, 한국로봇산업진흥원, 　　　　　한국산업기술시험원, 한국에너지정보문화재단, 　　　　　한국전력국제원자력대학원대학교, 한전원자력연료주식회사, 재단법인 　　　　　한국에너지재단, 한국세라믹기술원 (복지부) 한국장애인개발원, 국립암센터, 국립중앙의료원, 　　　　　대구경북첨단의료산업진흥재단, 대한적십자사, 오송첨단의료산업진흥재단,

기타공공기관 **(209개)**	재단법인 한국장기조직기증원, 한국국제보건의료재단, 한국보건의료연구원, 한국보건의료인국가시험원, 한국사회복지협의회, 한국의료분쟁조정중재원, 한국한의약진흥원, 국가생명윤리정책원, 재단법인 의료기관평가인증원, 재단법인 한국공공조직은행, 아동권리보장원**, 한국자활복지개발원** (환경부) ㈜워터웨이플러스, 국립낙동강생물자원관, 수도권매립지관리공사, 　　　　한국상하수도협회, 환경보전협회, 한국수자원조사기술원 (고용부) 건설근로자공제회, 노사발전재단, 학교법인한국폴리텍, 　　　　한국기술교육대학교, 한국사회적기업진흥원, 한국잡월드 (여가부) 한국양성평등교육진흥원, 한국여성인권진흥원 (국토부) ㈜한국건설관리공사, 주택관리공단㈜, 코레일관광개발㈜, 코레일네트웍스㈜, 　　　　코레일로지스㈜, 코레일유통㈜, 코레일테크㈜, 항공안전기술원, 　　　　새만금개발공사, 한국해외인프라도시개발지원공사 (해수부) 국립해양박물관, 국립해양생물자원관, 한국어촌어항공단, 　　　　한국해양과학기술원, 한국해양조사협회, 한국항로표지기술원, 　　　　한국해양진흥공사 (중기부) (재)중소기업연구원, 중소기업유통센터, 신용보증재단중앙회, 　　　　한국벤처투자, 주식회사 공영홈쇼핑, 재단법인 장애인기업종합지원센터 (국조실) 경제인문사회연구회, 과학기술정책연구원, 국토연구원, 　　　　대외경제정책연구원, 산업연구원, 에너지경제연구원, 정보통신정책연구원, 　　　　통일연구원, 한국개발연구원, 한국교육개발원, 한국교육과정평가원, 　　　　한국교통연구원, 한국노동연구원, 한국농촌경제연구원, 한국법제연구원, 　　　　한국보건사회연구원, 한국여성정책연구원, 한국조세재정연구원, 　　　　한국직업능력개발원, 한국청소년정책연구원, 한국해양수산개발원, 　　　　한국행정연구원, 한국형사정책연구원, 한국환경정책평가연구원 (원안위) 한국원자력안전재단, 한국원자력통제기술원, 한국원자력안전기술원 (금융위) 한국예탁결제원, 한국산업은행, 중소기업은행, 서민금융진흥원 (공정위) 한국공정거래조정원 (보훈처) 88관광개발㈜ (식약처) 식품안전정보원, 한국의료기기안전정보원, 한국의약품안전관리원 (관세청) (재)국제원산지정보원 (방사청) 국방과학연구소, 국방기술품질원 (문화재청) 한국문화재재단 (산림청) 한국등산 트레킹지원센터** (특허청) 한국발명진흥회, 한국지식재산보호원, 한국지식재산연구원, 한국특허정보원 (기상청) (재)APEC기후센터

주* 다음 기관(3개)은 2020년 공공기관 지정 시 공공기관 유형이 변경 지정된 기관이다.
주** 다음 기관(4개)은 2020년 1월 신규 지정된 기관이다.
자료: 한국조세재정연구원, 2020 공공기관 현황편람, 2020, 28-31면.

▶ **공공부문에 효율성 극대화와 책임 있는 경영이 요구되고 있음**
- 공공부문은 공공의 이익을 목적으로 존재함
- 공공부문의 책임 있는 경영과 생산성·효율성 향상을 위하여 공공부문의 성과관리에 대한 중요성이 강조되고 있음

▶ **공공부문의 효율성과 책임성을 확보하기 위하여 국가행정기관, 지방자치단체, 공공기관이 정부업부평가를 받고 있음**
- 국가행정기관은 중앙행정기관, 특별지방행정기관, 부속기관, 합의제 행정기관 등으로 구성됨
- 지방자치단체는 1특별시, 6광역시, 1특별자치시, 8도, 1특별자치도 하에 총 75시, 82군, 69자치구가 있음
- 공공기관은 정부의 투자 출자 또는 정부의 재정지원 등으로 설립·운영되는 기관으로서, 공기업 36개, 준정부기관 95개, 기타공공기관 209개로 총 340개 기관이 지정되어 있음

02 공공부문의 전략과 성과관리

공공부문의 효율성에 대한 인식이 증대되면서, 공공부문에서도 전략과 성과관리의 중요성이 강조되고 있다. 성과관리는 업무를 추진함에 있어서 조직의 임무, 중·장기 및 연도별 목표 등을 토대로 성과지표를 설정하고, 그 집행 과정 및 결과를 경제성·능률성·효과성 등의 관점에서 관리하는 일련의 활동으로, 성과에 기초한 조직 및 인력 관리를 의미한다. 여기서는 공공부문이 성과관리를 통해 조직의 목표를 설정하고, 그 목표의 달성 정도를 측정·평가하여, 조직의 효율성과 책임성을 제고하려는 노력에 대해 논의한다.

1. 공공부문의 성과관리제도

공공부문에서 성과관리제도가 체계적으로 도입된 것은 1980년대 공공부문의 운영체계에 큰 변화를 준 신공공관리론(New Public Management: NPM)이 등장하면서부터이다. 신공공관리론의 핵심적인 논의사항은 그동안 공공부문이 비효율적으로 운영되었음을 비판하며, 공공부문의 운영에 경쟁의 원리에 기반한 시장 체제를 도입하는 것이다. 공공부문은 외부효과가 발생하는 공공서비스의 특징으로 인해 비효율성 발생이 불가피한 측면이 있으며, 민간부문에 비해 공공부문은 경쟁 유인이 없어 빠르게 변화하는 대내외적 환경에 적절하게 대응하는 것에도 한계가 있다. 이러한 공공부문의 내재적 문제에 효과적으로 대응하기 위해서 공공부문에 성과관리체계의 구축이 요구되었다.

1990년대 이전에 운영되었던 성과관리는 예산 운용의 효율성과 생산성 제고를 목적으로 하는 성과 행정 위주로 이루어졌다. 미국의 경우 1949년 후버 위원회에서 성과주의 예산제도가 제안된 이후 1960년대 기획예산제도(Planning Programming Budgeting System: PPBS), 1970년대 목표에 의한 관리(Management By Objectives: MBO)와 영기준예산제도(Zero-Based Budgeting: ZBB), 그리고 1980년대에 생산성 향상 운동이 있었다. 그러나 이러한 제도들은 기대한 만큼의 성과를 거두지 못하여 제도로 정착되지 못하였다.

그 후 1993년에 정부성과관리기본법(the Government Performance and Results Act of 1993: GPRA)의 제정으로 성과관리제도가 본격적으로 시행되었다. GPRA의 제정으로 통합적인 성과관리제도의 법적 토대가 마련되었고, 균형성과표(Balanced Scorecard: BSC)[5]와 같은 성과평가 기법이 등장하였다. 미국이 연방정부 차원에서 성과관리제도를 도입한 이유는 국가적 위기를 극복하기 위해서였다. 1992년 말 미국의 클린턴 행정부가 집권한 시기에 연방정부의 공공채무는 3조억 달러에 이르렀다. 따라서 클린턴 대통령은 연방정부 혁신기구(National Performance Review: NPR)를 설립하도록 하였고, 연방정부의 혁신 과정 속에서 성과관리제도가 도입되기 시작하였다. 그리고 미국의 성과관리제도는 지속적인 보완이 이루어졌고, 현재는 2011년 1월 시행된 정부성과관리 선진화법(the GPRA Modernization Act of 2010: GPRAMA)을 기반으로 성과관리를 하고 있다.

민간부분에서 주로 이루어졌던 성과관리가 미국을 비롯한 각국의

---

5 균형성과표에 대해서는 이후에 자세하게 서술하도록 한다.

공공부문에서 운영되기 시작하였지만, 민간부분의 성과관리와 공공부문의 그것은 다른 특성을 보인다. 민간부문은 사용된 비용 대비 수익 창출을 중시하기 때문에 직접적인 수익 결과를 중심으로 한 가설의 검증에 초점을 두지만, 공공부문은 공익성을 중시하기 때문에 기관의 임무가 효율적이고 효과적으로 수행되었는지의 투입과 과정 측면에 초점을 둔다(이찬 외 2010, 247).

표 3 ┃ 민간부문과 공공부문의 성과관리 특성의 비교

구분	민간부문	공공부문
미션비전	영리추구(비전중심) 단기적인 전략 달성과제	존재이유/사명(미션중심) 중장기적 전략 달성과제
전략목표	기업 경쟁력	임무달성 효과성 정부기관 평가대응/고객만족
재무지표	이윤, 성장, 시장점유율	비용절감, 효율성
조직가치	혁신, 창조, 신용도, 인지도	공공의무, 성실, 공정, 친절도 조직역량, 고객만족
성과결과	고객만족, 수익률 증대	직무충실 고객요구 대응 만족
이해관계자	주주, 소유주, 시장	납세자, 감사인, 입법자, 상급기관, 예산관계기관, 인력관계기관
예산우선순위	고객요구, 사업부서 요구	지도자, 입법자, 기획인력
비밀 정당성	지적자산 보호 독점지식의 보호	국가안전 보장
주요 성공요인	성장률, 매출액, 시장점유율 유일성, 첨단기술	우수관리사례, 일률성 규모의 경제, 표준화된 기술

자료: Arveson 1999; 이찬 외 2010, 247면.

정리해 보면, 공공부문의 성과관리는 크게 3가지 관점에서 필요한 것으로 이해할 수 있다(Noe, et. al, 2006; 공병천 2012, 62 재인용). 첫째, 조직목표의 달성을 위해서는 구성원의 행태와 특성을 변화시킬 필요가 있기 때문에 전략적 목적(strategic purpose)의 관점에서 필요하다. 둘째, 조직목표 달성을 위한 내부적인 관리행위 및 활동이 효율적으로 이루어지기 위해서는 내부 활동과 관련된 성과관리 정보가 요구되기 때문에 행정적 목적(administrative purpose)의 관점에서 필요하다. 셋째, 조직구성원이 수행하는 업무를 개선하고 업무수행 결과를 긍정적으로 향상시키기 위해서는 업무프로세스 및 업무성과의 문제점을 파악하고 개선시켜야 하기 때문에 발전적 목적(developmental purpose)의 관점에서 필요하다.

2. 대한민국 정부 성과관리체계[6]

그렇다면 대한민국 정부의 성과관리는 어떻게 이루어지고 있을까. 여기에서는 우리나라의 성과관리 체계에 대한 이해를 돕기 위하여 (1) 우리나라 성과관리 도입배경, (2) 정부업무평가의 체계, 그리고 (3) 성과관리 추진체계에 대해 논의한다.

1) 우리나라 성과관리 도입배경

「정부업무평가 기본법」 제2조 제6항에서 정부기관의 성과관리란 "정부업무를 추진함에 있어서 기관의 임무, 중·장기 목표, 연도별 목표 및 성과지표를 수립하고, 그 집행과정 및 결과를 경제성·능률성·효과성 등의 관점에서 관리하는 일련의 활동"으로 정의된다. 성

---

6 국무총리 정부업무평가위원회, https://www.evaluation.go.kr/psec/intro/intro_1_2_2.jsp, 2021.05.21 검색.

과관리의 궁극적인 목적은 '일 잘하고 책임 있는 정부'를 만들어 국민에게 질 높은 행정서비스를 제공하고자 하는 것이다.

한국의 성과관리제도(정부업무평가제도)의 기원은 1961년에 도입된 심사분석에서 찾을 수 있다. 1981년 정부조직개편으로 심사분석업무는 국무총리실에서 경제기획원 심사분석국으로 이관되었으며, 1990년부터 국무총리실에 정책평가기능이 신설되어 심사분석업무와 정책평가업무가 이원화되었다. 이원화된 평가기능은 1994년 12월에 심사평가제도로 일원화되었다(국무조정실, 2007). 즉, 1990년대 중반까지 정책의 결과보다는 예산이 제대로 투입되었는지, 주어진 업무를 절차에 맞게 수행하였는지 등의 투입과 집행 측면에 중점을 두고 정책을 관리해 왔다. 그리고 각 부처가 실시하는 주요 시책 중에 일부 과제만이 평가 대상이 되어서 종합적인 업무추진에 대한 평가가 결여되었다는 지적이 제기되었다(허만형 외 2008).

따라서 1997년 외환위기 이후 공공부문의 생산성과 효율성 향상, 투명성과 책임성 강화, 국민에게 양질의 서비스 제공을 위하여 기관평가제도를 도입하였고, 2001년 1월 「정부업무 등의 평가에 관한 기본법」을 제정하여 국무조정실이 정부부처의 모든 평가기능을 총괄하는 상위평가기관으로써 정책평가위원회를 중심으로 각 부처단위별로 이루어져 온 평가업무를 총괄·관리하도록 하였다. 그리고 정부업무평가, 재정사업평가, 정보화 평가 등 기관을 대상으로 한 결과 지향적인 성과관리제도가 부분적으로 채택되었다. 2003년에는 중앙행정기관 4급 이상 공무원을 대상으로 목표관리제를 도입하고, 2004년 10월부터는 이를 직무성과계약제도[7]로 발전시켜 공무원 개인에게까

---

7 장·차관 기관의 책임자와 실·국장, 과장 간에 성과목표 및 지표 등에 관하여 공식적인 성과계약을 체결하고, 그에 따라 당해 연도의 개인의 성과를 평가한 후 결과를 성과급, 승진 등에 반영하는 인사관리 시스템이다.

지 성과관리제도를 확대·적용하기 시작하였다.

　2006년 「정부업무평가 기본법」이 제정되면서, 기관평가 위주의 정부업무평가 제도에 '성과관리'가 포함되었고, 본격적으로 정부업무 성과관리가 추진되기 시작하였다. 「정부업무평가 기본법」의 핵심은 통합국정평가제도는 평가의 통합실시 및 조정, 자체평가중심의 평가활동, 성과관리의 통합화, 국정평가조직의 재설계로 요약할 수 있다. 우선 그동안 개별적이고 중복적으로 실시되던 각종 평가의 통합 실시를 규정하여 피평가기관의 평가로 인한 부담을 경감하였다. 그리고 자체평가 중심의 평가활동에 집중하기 위해 기존에 정책평가위원회가 주요 정책과제를 선정하여 직접 평가하는 방식에서 부처별 자체평가 결과를 확인·점검하는 방식으로 변경하였다. 그 결과로 각 부처의 기관장은 자체평가 결과를 기관의 목표달성을 위한 성과관리수단으로 활용할 수 있고, 정책개선 및 조직관리 수단으로도 활용할 수 있게 되었다.

2) 정부업무평가의 체계

　정부업무평가는 공공부문의 사업 및 업무가 제대로 집행되고 있는지를 점검하고 평가하는 일련의 활동이라고 볼 수 있다. 이는 공공부문의 통합적인 성과관리체제 구축과 자율적인 평가역량 강화를 통하여 국정운영의 능률성, 효과성 및 책임성을 향상시키기 위한 주요 수단으로 활용되고 있다.

　「정부업무평가 기본법」 제2조는 평가대상기관으로 중앙행정기관, 지방자치단체, 중앙행정기관 또는 지방자치단체의 소속기관, 그리고 공공기관을 지정하고 있다. 이를 평가제도로 구분하면 정부업무평가는 중앙행정기관평가, 지방자치단체평가, 공공기관 평가로 구성된다(그림 3).

그림 3	정부업무평가 체계

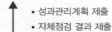

- 성과관리 지침 시달
- 성과목표 및 지표의 타당성 검토
- 자체평가 결과 확인 · 점검
- 특정평가 실시

- 성과관리계획 제출
- 자체점검 결과 제출
- 자체평가 결과 제출

지방자치단체	중앙행정기관	공공기관
• 성과관리 전략계획 및 시행계획 　수립 · 시행 가능	• 성과관리 전략계획 및 시행계획 수립 • 성과관리 시행계획 이행 실태 　반기별 자체점검 • 성과관리 시행계획 추진 실적 　자체평가 • 성과관리체계 구축 · 운영	• 성과관리 전략계획 및 시행계획 　수립 · 시행 가능

자료: 국무총리 정부업무평가위원회.

(1) 중앙행정기관평가

중앙행정기관평가는 특정평가와 자체평가로 구성된다. 특정평가
는 국무총리가 중앙행정기관을 대상으로 국정을 통합적으로 관리하
기 위하여 필요한 정책 등을 평가하는 것(「정부업무평가법」 제2조 제4호)
이며, 자체평가는 중앙행정기관 또는 지방자치단체가 소관 정책 등을
스스로 평가하는 것(「정부업무평가법」 제2조 제3호)이다.

(2) 지방자치단체평가

지방자치단체 평가는 부처평가와 자체평가로 구성되는데, 부처평가는 다시 합동평가와 자체평가로 구분된다. 합동평가는 행정안전부 장관이 관계 중앙행정기관장과 합동으로 국가위임사무를 평가하는 것이고, 자체평가는 지자체장 책임하에 고유사무 전반을 평가하는 것이다. 이외에도 중앙행정기관장은 정부업무평가위원회와 협의하여 개별평가를 실시할 수 있다.

(3) 공공기관평가

공공기관평가는 개별 법률에 의한 평가와 「정부업무평가 기본법」에 따른 소관 중앙행정기관에 의한 평가로 구분할 수 있다. 이때 「공공기관의 운영에 관한 법률」 등 개별 법률에 근거하여 공공기관의 경영성과를 평가하고, 그 대상이 아닌 공공기관에 대해서는 소관 중앙행정기관의 장이 정부업무평가위원회와 협의하여 평가를 실시한다.

3) 성과관리의 추진체계

성과관리는 각 기관이 (1) 조직의 비전과 미션을 달성하기 위하여 전략적 관점에서 계획을 수립하고, (2) 한정된 자원을 효율적으로 활용하여 업무를 추진한 후, (3) 조직의 역량과 성과를 정확히 측정하여, (4) 그 결과를 정책의 개선이나 자원배분, 개인의 성과보상에 반영함으로써 조직의 전반적인 효율성을 높이고자 하는 과정 속에서 이루어진다. 우리나라의 공공기관을 대상으로 이루어지고 있는 성과관리제도는 공공부문 소속 조직들이 일관성 있는 성과목표체계를 수립·관리할 것을 의무화하고 있다. 특히 계획의 집행결과인 성과가 평가되기 때문에 '체계적인 전략계획'의 수립이 무엇보다도 중요하다.

여기에서는 (1) 계획 수립, (2) 집행·점검, (3) 평가, (4) 평가결과의 환류의 과정 속에서 이루어지는 우리나라 공공부문의 성과관리 체계를 서술한다.

그림 4   공공부문의 성과관리 체계

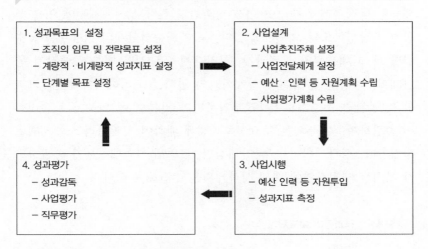

자료: 고영선 외, 공공부문의 성과관리(2004), 40면.

(1) 계획 수립

재정지출의 효율화, 재정운용의 투명성 및 책임성 제고의 요구가 증대함에 따라 1990년대 이후 주요 선진국은 정부부문에 성과계획 수립 및 보고 제도를 도입하기 시작하였다. 우리나라의 경우 2007년 부터 중앙행정기관은 5년 단위의 '성과관리 전략계획'을 수립하여 기관의 임무와 비전, 전략목표와 5년 단위 성과목표를 제시하고, 실행계획인 '성과관리 시행계획'을 수립하여 당해 연도의 성과목표와 이의 달성을 위한 정책(사업)과 성과지표를 제시하도록 하고 있다.

우리나라의 성과관리제도는 공공부문 소속 조직들이 일관성 있는 성과목표체계를 수립·관리할 것을 의무화하고 있다. 따라서 '성과관리 전략계획'을 수립할 때에는 「국가재정법」 제7조에 의한 중장기 재정운용계획인 '국가재정운용계획'의 분야별 정책방향과 투자계획을 반영하여, 성과관리전략계획이 국가재정운용계획과 상호 유기적으로 연계되도록 하고 있다. 그리고 성과관리운영지침은 각 부처로 하여금 대통령 국정과제에 대하여 현재 성과관리 전략과 시행계획에 이를 포함하여 작성하도록 요구하고 있다. 즉 계획수립단계의 전략계획을 수립할 때에 대통령의 국정과제, 국가재정운용계획, 범부처 중장기 종합계획, 각 부처 중장기 종합계획과의 연계를 고려하여야 한다. 그리고 '성과관리 시행계획'은 「정부업무평가 기본법」에 의해 국무총리실이 총괄하며, 각 부처는 주요정책과제에 대하여 성과관리 시행계획을 수립한다. 성과계획서는 「국가재정법」에 의해 기획재정부가 총괄하고 각 부처는 재정사업에 대해 성과계획을 수립해야 한다.

그림 5   성과관리 목표체계

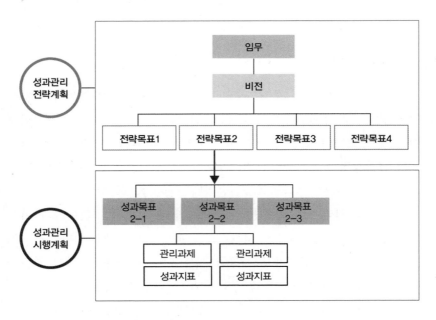

자료: 국무총리 정부업무평가위원회.

[그림 5]는 우리나라 성과관리 목표체계를 도식화한 것이다. 중앙행정기관은 「정부업무평가 기본법」 제6조(성과관리시행계획)에 따른 성과관리 시행계획과 「국가재정법」 제8조(성과중심의 재정운영)에 따른 성과계획서로 구분하여 성과계획을 수립해야 한다. 따라서 기관의 임무로부터 전략목표와 성과목표, 성과목표별 구체적인 개별 정책 또는 사업단위인 관리과제에 이르는 동일한 요소로 구조화된 성과목표체계를 갖는다. 여기에서 등장하는 임무, 비전, 전략목표, 성과목표, 성과지표는 성과관리의 핵심 구성요소이다. 각 성과관리 구성요소에 대한 정의는 다음과 같다(국무조정실 2006, 7).

- 임무(Mission)는 기관 고유의 역할과 사명을 의미하는 조직의 기능으로서 기관의 존립 이유이다.
- 비전(Vision)은 기관이 추구하는 장기적인 목표와 바람직한 미래상으로서 기관의 전략 방향을 설정하는 기능을 한다.
- 전략목표(Strategic objective)는 궁극적인 비전과 목적을 실현하기 위하여 조직이 추진하는 여러 사업을 큰 영역으로 구분하여 각 영역별로 목표를 제시하는 것이다. 즉 비전 수행을 위한 중·장기적인 정책방향을 말한다.
- 성과목표(Performance target)는 전략목표를 구성하는 하위목표로서, 전략목표를 실현하기 위한 연간 단위의 구체적인 목표를 의미한다.
- 성과지표(Performance indicator)는 성과목표의 달성 정도를 양적·질적으로 제시하는 지수로서, 성과목표의 달성도를 어떻게 측정하고 측정결과를 어떻게 관리할 것인가를 제시하는 역할을 한다.

성과관리 계획의 수립은 기관의 임무를 달성하기 위하여 비전, 전략목표, 프로그램의 목표, 단위사업 등의 성과관리 목표체계를 설정하는 과정이다. 기관이 달성하고자 하는 바를 정확히 파악하고 그에 따른 예산 투입의 성과를 식별하기 위해서는 성과관리의 구성요소들 (임무–비전–전략목표–성과목표–성과지표)이 논리적으로 연계되어야 한다. 또한 각 요소의 구체성과 객관성은 임무–비전–전략목표–성과목표–성과지표로 갈수록 강화된다. 따라서 전략목표가 일반적 표현이나 열망을 나타내는 수준일 경우 다음 단계의 성과목표나 성과지표가 모호해질 가능성이 높기 때문에, 전략목표와 성과목표를 명확하고 구체적으로 설정하는 것이 중요하다(국무조정실 2006, 7).

한편, 기관이 추구하는 목적 달성 여부를 측정하는 단위로서 성과지표와 측정방법을 설정하는 것이 필요하다. 프로그램의 목표 혹은 단위사업의 목적 달성 여부를 정확히 측정하기 위해서는 성과지표가 개발되어야 한다. 성과지표는 7가지 원칙(정책대표성, 적절성, 인과성, 구체성, 측정가능성, 기한성, 비교가능성)에 따라 개발되어야 한다.

성과지표의 7가지 원칙

■ **정책대표성**

정책대표성은 성과지표 개발 시 가장 근본적으로 고려해야 하는 원칙으로서, 전략목표와 성과목표의 핵심적인 내용이 포함되도록 성과지표를 개발해야 함을 의미한다. 따라서 전략목표와 성과목표의 정책이 포괄적으로 포함되어 있는지, 부분적으로만 포함되어 있지는 않은지 반드시 확인하여야 한다.

성과지표가 정책대표성을 확보하기 위해서는 구체적이고 명확한 성과목표의 개발이 선행되어야 하며, 성과목표가 불분명할 경우 그 성과목표의 달성 여부를 측정하기 위하여 개발된 성과지표 역시 타당한 것이라고 볼 수 없다.

또한, 성과지표는 성과목표의 달성 정도를 측정하기 위해 사업의 전략 및 성과목표와 직접적인 연관이 있어서 조직과 개인의 업무 성과에 대한 책임을 명확하게 규정해 줄 수 있어야 한다.

전략목표 및 성과목표와 논리적으로 연계가 미흡한 성과지표를 설정하게 되면 성과지표를 통해 측정한 결과로 정책의 성공 여부를 판단할 수 없기 때문에 직접적인 연관이 있는 성과지표를 개발하여야 한다.

■ 적절성

성과지표의 목표치를 적절하게 설정하고, 그 근거를 명확하게 제시해 주어야 한다. 일반적으로 성과지표는 최근 '3년간 추세치'를 감안하여 목표치를 설정하며, '3년간의 평균 실적'도 고려하면 보다 실효성 있는 평가기준을 설정할 수 있다. 구체적으로 어떠한 근거와 논리를 통해 목표치를 설정하였는지에 대한 설명 없이는 적절성을 판단할 수 없으므로 목표치 설정의 근거는 명확하게 제시하여야 한다.

특히, 목표치가 3년간의 추세치보다 낮게 책정되거나 지나치게 높게 책정된 경우, 3년간의 추세치가 없는 경우에는 어떠한 근거로 목표치를 설정하였는지 구체적으로 제시한다.

목표치 설정 수준의 적절성은 성과지표에 대한 평가 시에 반영된다. 즉, 우수한 평가를 받기 위하여 성과지표의 목표치를 하향 선정한 기관보다 업무 수행을 적극적으로 하고자 하는 의지를 반영하여 도전적인 목표치를 설정한 기관이 우수한 평가를 받을 수 있다. 따라서 각 기관에서는 단순한 성과지표의 달성 여부에만 국한하여 목표치를 하향 설정하는 오류를 범하지 않도록 하여야 한다.

■ 인과성

성과지표의 인과성을 충족시키기 위해서 결과에 영향을 미칠 수 있는 외부요인의 통제가 가능한 지표를 개발하여야 한다. 외부요인을 최소화할 수 있는 성과지표를 개발하여야 목표와 결과 간의 인과관계를 파악할 수 있고, 인과관계가 명확할 때 보상이나 책무성 부여가 용이하다.

또한 정책의 목표를 달성하기 위한 기관의 직접적인 노력과 역량이 포함된 지표를 설정하여야 한다. 당연히 달성되는 지표나 예산과 인력을 투입하기만 하면 달성되는 지표를 설정하게 되면, 즉 목표달성의 노력 없이 다른 요인에 의하여 목표가 달성되면, 정책의 수행정도를 정확하게 평가할 수 없게 된다. 따라서 환율이나 유가 등 기관의 노력여부와 관계가 없는 변수들을 최소화하고, 단순한 예산투입과 참여 건수와 같은 지표의 사용을 지양하여야 한다.

■ 구체성

성과목표 또는 사업의 핵심적인 내용을 대상으로 명확하고 구체적인 성과지표를 개발하여야 한다. 명확하고 구체적인 성과지표는 목표 달성 정도를 쉽게 판별할 수 있게 해 주고, 조직 구성원들의 이해를 쉽게 한다.

성과지표는 성과 측정 및 관리의 기본이 되기 때문에 조직 구성원 모두가 쉽게 이해할 수 있어야 하고, 조직 구성원의 이해가 용이하지 않을 경우 기관 내 의사소통의 문제가 발생할 수 있다. 따라서 성과지표는 조직 구성원들의 의사소통에 문제가 없도록 구체적인 내용을 명확하게 제시해 주어야 한다.

■ 측정가능성

성과지표가 정책대표성과 적절성을 갖추었다 하더라도 지표를 객관적으로 측정할 수 있는 자료를 확보할 수 없다면 그 성과지표를 활용하기 어렵다. 따라서 성과지표의 측정방법을 명확하게 제시할 수 있는 성과지표를 개발하여야 한다.

성과지표의 측정가능성은 성과지표를 측정하는 데 사용되는 자료의 타당성과 신뢰성을 입증할 수 있어야 함을 의미한다. 먼저 자료의 성격이 지표와 맞는 것이어야 한다. 예를 들어 어떤 지표는 계량적인 자료보다 설문조사 결과가 더 의미 있을 수 있으며, 설문조사라도 조사대상을 일반인으로 하는 것이 적합한 경우가 있고 전문가를 대상으로 하는 것이 적합한 경우가 있을 수 있다.

기관 내부 통계의 이용이라든지 자체조사에 의한 결과는 객관성이 부족하기 때문에 이미 계량화되어 측정의 객관성이 확보되었거나 국제적으로 통상 활용되는 국제평가지수를 사용하는 것도 좋은 방법이며, 통계청의 승인을 받은 공식 통계 등을 활용하도록 노력하여야 한다.

■ 기한성

사업 종료 후 산출까지 많은 시간이 소요되지 않아 해당 연도에 성과를 평가할 수 있는 지표를 개발하여야 한다. 장기적인 사업목표인 경우도 연간 성과지표를 설정하여 일정 기간 동안의 성과를 점검하도록 한다. 국가적인 대규모 R&D 사업이나 중장기 정책과제의 경우는 결과가 나타나기까지 많은 시간이 필요하지만 중간과정에서 진전 상태를 점검하기 위해서라도 성과관리가 필요하다.

당해 연도에 사업은 종료되었으나 평가시점에서 산출 혹은 측정 가능한 결과(예; 통계치)를 제시하기 어려운 경우는 당해 연도에 수행한 과정과 내용을 왜곡 없이 서술하고 결과로 제시할 내용과 일정에 대한 계획을 자세하게 기술하여야 한다.

■ 비교가능성

성과지표는 예산편성 등에서 활용할 수 있도록 과거의 성과 및 유사 사업의 성과와 비교 가능하도록 설정하여야 한다. 이미 객관성이 확보되었거나 국제적으로 통상 활용되는 지표를 활용할 경우는 매년 동일한 지표를 설정할 수 있으므로 이전 연도와의 결과 비교가 용이하다.

여러 기관이 동일한 과제에 동시에 참여하게 되는 사업은 관련된 기관 간의 성과를 비교할 수 있는 지표를 개발하여 이후 정책 결정에 그 결과를 반영할 수 있다.

자료: 국무조정실, 성과지표 개발·관리 매뉴얼(2006), 23-31면.

성과관리 추진체계는 조직의 비전과 미션을 달성하기 위한 전략 기획으로부터 시작된다. 우리나라의 성과관리제도는 공공부문 소속 조직들이 일관성 있는 성과목표체계를 수립·관리할 것을 의무화하고 있다. 계획의 수립에서는 전략체계와 계획 수립이 중요하고, 이는 모든 집행과 평가의 기준이 되기 때문에 '전략적인 기획'이 중요하다고 볼 수 있다.

(2) 집행 · 점검

중앙행정기관은 주어진 자원을 효율적으로 배분하여 정책을 추진하고 과제의 추진과정과 실적 등 이행상황을 점검하여 목표달성에 차질이 없도록 관리한다. 특히 2005년부터 정책품질관리제도를 도입하여 사회적 파급효과가 큰 주요 정책에 대해서 계획-집행-산출 및 결과-활용의 정책 단계별로 정책품질관리매뉴얼에 따른 점검사항을 확인하고 관리하여 정책실패를 예방하고 정책의 품질 제고를 도모하고 있다.

(3) 평가

현행 정부업무평가는 앞서 살펴본 바와 같이, 중앙행정기관 대상으로 자체평가와 특정평가로 구분·실시되는 '중앙행정기관 평가', 지방자치단체의 업무 추진성과 등에 대해 중앙행정기관 위임사무 평가와 지자체 자체평가로 구분·실시되는 '지방자치단체 평가', 중앙행정기관의 장 등 평가실시기관이 공공기관의 경영실적 및 연구실적 등에 대하여 평가하는 '공공기관 평가'로 나뉜다.

「정부업무평가 기본법」에서는 평가를 자체평가, 특정평가, 재평가의 평가유형으로 구분하고 있다(윤수재 2016). 그리고 우리나라 평가제도의 유형을 평가단위를 기준으로 구분하면 기관평가, 부서평가, 개인평가로 나눌 수 있고, 평가대상을 기준으로 구분하면 정책, 프로그램, 역량평가로 나눌 수 있다. 우리나라 정부업무평가제도의 기관평가제도 현황을 살펴보면 기관단위 평가제도 내에서 정책, 프로그램, 조직역량이나 개인역량을 포괄적으로 평가하는 종합평가모형을 보인다(라영재 2020, 51).

│ 표 4 │ 정부업무평가제도 현황과 유형

평가대상	평가종류	평가부문		평가주관기관	평가유형/평가단위
중앙행정 기관	특정평가	국정과제, 규제혁신, 정부혁신, 정책소통		국조실, 행안 부, 문체부	정책 및 프로그램평가/기관평가
	자체평가	주요정책		국조실	정책평가, 프로그램평가
		재정사업	일반재정사업	기재부	프로그램평가
			R&D 사업	과기정통부	프로그램평가
			재난안전	행안부	프로그램평가
			균형발전	지역위	프로그램평가
		행정관리 역량	조직	행안부	프로그램평가, 역량평가
			인사	인사처	
			정보화	행안부	
지방자치 단체	부처평가	합동평가		행안부	프로그램평가, 기관평가
		개별평가		주관부처	프로그램평가
	자체평가	중앙행정기관과 동일		지자체장	정책 및 프로그램평가
공공기관	공기업	경영관리, 주요사업		기재부	역량과 프로그램평가/ 기관평가
	준정부기관				
	기타공공기관			주무부처	
	과학기술분야 연구기관	공통영역, 자율영역, 현안대응영역		부처 및 연구 회/과기정통부	역량과 프로그램평가/ 기관평가
	경제인문사회 연구기관	연구분야, 경영분야		경사연	역량과 프로그램평가/ 기관평가
	지방공기업	지속가능경영, 경영성과, 사회적 가치		행안부	역량과 프로그램평가/ 기관평가

자료: 라영재, 정책평가의 이론기반평가: 평가원칙과 적용의 실제: 정부업무평가와 공공기관 경영평가 사례를 중심으로(2020), 50면.

주요평가의 평가지표체계는 다음의 표와 같다.

표 5 ┃ 주요평가의 평가지표체계

평가명		평가지표체계(평가모형)	평가유형
국정과제평가		노력도, 목표달성, 정책효과	형성, 총괄평가
중앙행정기관자체평가	주요정책	관리과제의 계획수립과 집행의 적절성, 성과달성도, 환류 노력	총괄평가
	재정사업	사업계획 적정성, 성과계획 적정성, 사업관리적정성, 성과 달성 및 평가결과의 환류(PART)	총괄평가
	행정관리 역량	조직인력의 효율적 운영, 정책품질	과정, 산출 중심 총괄평가
		효율적 정부인사의 운영	과정, 산출 중심 총괄평가
		유능한 전자정부구현, 사이버 안전수준	과정, 산출, 결과 중심 총괄평가
공공기관 경영평가		리더십, 경영관리, 경영성과, 고객만족 (MB모형, PDCA사이클)	총괄평가, 총합평가
재정사업평가 심층 평가		효과성, 효율성, 정책적 타당성 (프로그램 평가모형)	산출, 결과평가, 총괄평가

자료: 라영재, 정책평가의 이론기반평가: 평가원칙과 적용의 실제: 정부업무평가와 공공기관 경영평가 사례를 중심으로(2020), 53면.

여기에서 중앙행정기관의 자체평가에 대해 살펴보면, 주요정책평가의 평가대상과제는 「정부업무평가 기본법」 제6조에 따라 성과관리 시행계획 상의 관리과제이며, 재정사업부문의 평가대상과제는 「국가재정법」 제8조에 따라 성과계획서 내의 일반재정, R&D 및 정보화사업 중 1/3에 해당하는 사업이다. 이때 재정사업부문의 평가는 기획재정부 주관으로 실시하는 재정성과관리제도의 하나인 재정사업자율평가를 대신하게 된다(공병철 2012, 72-74).

한편, 중앙행정기관은 매년 4월에 평가계획을 수립하고, 연말 실적을 기준으로 다음 해 1~3월간 자체평가를 실시한다. 중앙행정기관의 자체평가는 각 중앙행정기관장이 그 책임하에 소관 정책 등을 스스로 평가하고 그 평가결과를 정책·예산·조직·인사 등에 반영하여 국정운영의 효율성 및 책임성 제고를 목적으로 실시된다. 중앙행정기관 자체평가의 평가항목은 국무조정실의 주요정책과제, 기획재정부의 재정사업, 행정안전부 및 인사혁신처의 인사조직, 정보화 평가를「정부업무평가 기본법」의 통합평가의 취지에서 하나의 평가프레임워크나 평가시스템의 평가부문으로 포함하여 평가가 이루어지고 있다.

자체평가는 성과측정과 성과평가의 기능을 동시에 수행하기 때문에 성과를 '점검'하고(제갈돈·제갈욱 2008), 성과의 과정을 '분석'하여 최종적으로 '평정'하는 것을 말한다(Kroll&Moynihan 2018; Nielsen&Ejler 2008; 이윤식 2006; 서영빈·이윤식 2020, 33). 자체평가는 성과관리 대상으로 선정된 정책·사업·업무 등이 기대한 목표를 달성하였는지 점검하고, 기대한 목표가 해당 기관이나 부서가 해당 연도에 추진한 사업 활동을 통해서 달성되었는지를 분석하고, 만약 기대한 목표가 달성되지 못했다면 그 문제가 무엇인지 살펴봄으로써 최종적으로 성과를 평정하고 성과를 초래하는 요인을 밝혀서 문제의 원인을 해소하는 것을 의미한다(서영빈·이윤식 2020, 34).

(4) 평가결과의 환류

정부업무의 성과관리는 평가결과에 대한 적극적인 환류를 토대로 정부사업 성과의 향상을 도모하는 데 있다. 평가결과의 환류는 개인차원과 기관차원에서 이루어진다. 개인차원의 평가결과 환류는 과제의 평가결과를 과제를 추진한 개인의 성과와 연계하여 인사에 반영하거나 성과급 지급 등에 반영된다. 기관차원의 평가결과 환류는 정책의 개선, 예산 편성 시에 반영, 조직관리에 활용된다(국무조정실 2008, 10).

그림 6   평가결과의 환류

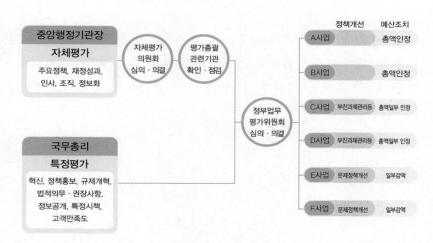

자료: 국무조정실, 일 잘하는 정부, 효율적인 정부를 위한 정부업무 성과관리 및 평가 (2008), 10면.

정책개선

자체평가와 자체평가에 대한 평가총괄관련기관의 확인·점검 결과 정책 등에 문제점이 발견되면 중앙행정기관의 자체 시정조치 또는 감사를 실시하고, 그 결과를 '정부업무평가위원회'에 제출하는 등 정책의 지속적인 개선을 추진한다.

예산 편성 시 반영

2005년부터 도입된 '재정사업 자율평가 제도'에 따라 중앙행정기관의 장은 사업별 체크 리스트를 활용하여 3년 주기로 일정규모 이상의 재정사업에 대한 성과를 자율적으로 평가하고 있다. 사업별 평가결과는 우수·다소우수·보통·미흡의 4등급으로 구분하며 성과가 미흡한 사업은 원칙적으로 10% 이상 예산을 삭감하고, 성과가 객관적으로 입증되지 않은 사업은 증액을 허용하지 않는다.

조직관리에 활용

평가결과에 따라 인력증원, 직급별 정원 조정 등 부처의 조직관리에 대한 자율권을 차등적으로 부여한다.

▶ 공공부문의 효과성과 효율성에 대한 인식이 증대되면서, 공공부문의 전략과 성과관리의 중요성이 강조되고 있음
  • 공공부문의 성과관리는 조직의 임무, 중·장기 및 연도별 목표 등을 토대로 성과지표를 설정하고, 그 집행 과정 및 결과를 경제성·능률성·효과성 등의 관점에서 관리하는 일련의 활동으로, 성과에 기초한 조직 및 인력 관리를 의미함
  • 공공부문은 성과관리를 통해 조직의 목표를 설정하고, 그 목표의 달성 정도를 측정 및 평가하여, 조직의 효율성과 책임성을 제고하려는 노력을 해야 함

▶ 대한민국 정부의 성과관리체계는 공공부문 소속 조직들이 일관성 있는 성과목표체계를 수립·관리할 것을 의무화하고 있음
  • 성과관리는 계획을 수립하고, 집행 및 점검하고, 평가하고, 평가결과를 환류하는 과정 속에서 이루어짐
  • 계획의 수립은 집행과 평가의 기준이 되므로 '전략적 기획'이 이루어져야 함

03 전략적 기획: 수립 절차와 관련 기법

공공부문의 효과성과 효율성에 대한 인식이 증대되면서, 개별 공공조직의 차원에서도 민간에서 개발된 전략적 기획과 관리기법들을 도입하기 시작하였다. 그리고 오늘날 공공조직들은 이러한 전략적 기획의 관점에서 조직을 관리하고 있다. 여기서는 전략적 기획이 무엇인가에 대해 논의하고, 실제 우리나라의 공공기관 중장기경영평가전략계획 수립에서 자주 활용되는 절차와 관리기법을 소개한다.

1. 공공부문을 위한 전략적 기획

1) 전략적 기획이란?

전략이란 본래 전쟁에서 목표를 달성하기 위한 행동계획을 의미하는 군사적인 용어에서 시작되었다. 이후 1960년대 미국의 대기업들이 사업을 다각화하면서 어떤 상품을 통해 어떤 시장에 진입할 것인가라는 전략경영을 고민하면서 '전략적 기획(Strategic planning)'이 주목받기 시작하였다.

전략적 기획의 정의는 학자에 따라 다양하다. Steiner(2010)는 "전략적 기획이란 기본적인 조직목표, 목적, 정책 등을 수립하고, 조직의 목표를 달성하기 위해 사용될 전략을 개발하는 체계적인 노력"이라 정의하였고, Bryson(1988)은 "전략적 기획이란 조직의 실체가 무엇이고, 조직이 무엇을 하고, 그것을 왜 하는가를 구체화하고 이에 지침이 되는 근본적인 의사 결정과 활동을 산출하는 훈련된 노력"이라 말하였다. 그리고 Allison&Kaye(2011)는 "전략적 기획은 조직이 그의 임무를 달성하는 데 핵심이 되는 우선순위에 대한 합의—주요 이해관계자 간에 실질적인 참여의 구축—를 통해 조직환경에 대응하는 체계적 과정"으로 정의하였다.

이처럼 전략적 기획이 학자에 따라 다양하게 정의되고 있으나, 전략적 기획은 조직이 생존과 발전을 위해 현 상황을 파악하고 무엇을 해야 하며 그것을 왜 해야 하는지에 대한 질문에 답을 하고 구체적인 계획을 세우는 것을 말한다(Byson 1995). 전통적 기획이 성과를 위한 목표와 세부목표를 수립하는 데 중점을 두었던 것에 반해, 전략적 기획은 조직의 바람직한 미래상의 비전을 개발하는 데 중점을 두고 이를 통하여 행동에 옮길 수 있는 행동단계를 수립한다(IIEP–UNESCO 2010).

2) 전략적 기획의 중요성과 필요성

공공조직은 변화하는 환경 속에서 성과를 창출하기 위해, 산출과 결과를 연결하고, 예산을 전략적 우선순위에 따라 배정하고, 복잡한 문제를 이해하고, 장기적인 이슈를 다룰 수 있는 능력을 구축해야 한다(OECD 1997). 이를 위하여 민간에서 개발된 전략적 기획과 그 관리 기법이 공공부문에 도입·활용되어 왔다.

공공부문에서 전략적 기획이 필요한 이유는 다음과 같이 설명할 수 있다(박홍윤 2014, 44-46).

- 전략적 기획은 조직의 목표를 좀 더 성공적으로 달성할 수 있도록 한다. 전략적 기획은 조직의 목표를 명확하게 하고, 이를 달성하는 방법과 효율적인 자원 배분으로 목표의 달성 가능성을 높여준다. 따라서 조직의 성과와 효율성을 높여 경쟁력을 높일 수

있도록 한다.

- 전략적 기획은 더 나은 의사결정을 가능하게 한다. 전략적 기획은 집권화된 관료 체제의 의사결정을 분권화할 수 있는 좋은 도구이다. 참여적인 전략적 기획은 더 나은 의사결정과 이의 집행을 가능하게 한다.

- 전략적 기획은 조직 운영의 효율성을 증진한다. 전략적 기획은 조직 활동에 핵심이 되는 이슈를 확인하고 이를 해결하기 위하여, 한정된 조직의 자원과 능력을 어디에 집중시킬 것인가를 결정할 수 있게 한다. 전략적 기획은 조직에게 일의 우선순위를 결정하고, 이에 따른 합리적인 행동을 유도한다.

- 전략적 기획은 조직이 나아가야할 방향을 명확하게 한다. 전략적 기획은 조직이나 사업이 나아가야할 방향과 그 방향으로 도달하기 위한 로드맵을 제공한다. 전략적 기획은 조직이 달성하고자 하는 비전과 목적을 수립할 수 있도록 한다.

- 전략적 기획은 고객과 환경의 변화에 대한 대응성을 높인다. 전략적 기획은 조직환경에 대한 분석과 평가를 기반으로 추진한다. 따라서 조직환경의 변화를 빠르게 파악하고 이에 대응할 수 있도록 한다.

- 전략적 기획은 효과적인 거버넌스 체제를 구축할 수 있게 한다. 전략적 기획은 고객이나 이해관계자의 참여를 가져오고 이를 기반으로 하는 거버넌스 체제를 구축할 수 있게 한다.

- 전략적 기획은 조직구성원 간에 공유된 가치 의식을 가지게 한다. 참여적인 전략적 기획은 그 과정 속에서 만들어진 조직의 임무, 비전, 목적의 가치를 조직구성원이 공유할 수 있게 한다. 이를 통해 조직구성원을 하나로 통합하는 기능을 한다.

- 전략적 기획은 자기 성찰의 기회를 제공하고 책임성을 높인다. 전략적 기획은 조직과 최고관리자에게 자기 성찰의 기회를 제공

한다. 전략적 기획의 외부 환경분석과 내부 역량분석은 조직과 사업의 강점과 약점을 분석하여 조직의 가능성을 파악하게 한다. 그리고 이러한 자기 성찰은 조직의 변화를 가져올 수 있다.

• 전략적 기획은 조직 내외의 커뮤니케이션을 촉진한다. 참여적인 전략적 기획은 다양한 이해관계자의 참여와 구성원 간의 합의를 중시하여 조직 내부, 외부와의 커뮤니케이션을 요구한다. 전략적 기획은 조직의 관리계층과 구성원 간의 가교 역할을 하여 조직 통합에 이바지한다.

• 전략적 기획은 전략적 사고를 키우고 학습조직을 구축한다. 전략적 기획은 최고관리자와 구성원에게 학습의 기회를 제공한다. 지속해서 변화하는 조직에서 학습은 변화에 적응하고 성공적인 조직의 운영을 할 수 있는 기반이 된다.

즉, 전략적 기획은 전략적 방향을 제공하고, 우선순위에 의한 자원 활용의 지침을 제공하고, 운영 기준을 설정하며, 환경의 불확실성과 변화를 극복할 수 있게 하며, 통제와 평가를 위한 객관적인 기준을 제공한다(Koteen 1989). 앞으로 공공부문에서 전략적 기획은 성과관리와 연계하여 성과를 개선하고 변화하는 환경에 적응하는 조직의 능력을 향상시키기 위하여, 그 중요성과 필요성이 더 확대될 것으로 예상된다.

2. 전략계획 수립과 관리기법

1) 환경분석방법

(1) 대외환경분석(PEST)

우리나라 공공부문 조직들이 가장 빈번하게 활용하는 대외환경

분석기법 중 하나로 PEST 분석기법이 있다. PEST 분석은 정치적
(Political), 경제적(Economic), 사회적(Social), 기술적(Technological)의
영문 머리글자를 딴 분석방법으로, 전략적 기획을 위한 거시적 외
부 환경분석을 하는 데 적합한 분석이다. 대외환경분석은 정책환
경, 경제환경, 사회환경, 산업환경을 분석하여 기관의 기회·위협
요인 및 중장기 비전, 목표, 전략설정에 대한 시사점을 도출하는 분
석방법이다.

그림 7   대외환경분석 체계

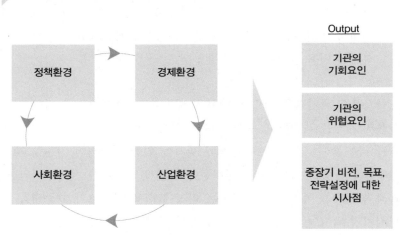

자료: 행정안전부, IBS 전략적 성과관리체계구축을 위한 진단 최종보고서(2012), 5면 수정 인용.

PEST 분석은 다음과 같은 순서로 이루어질 수 있다(Smith 1994). 첫
번째, PEST 순서에 따라서 분석 항목을 선정한다. 두 번째, 분석 항
목들이 조직에 미칠 수 있는 가능한 영향을 확인한다. 세 번째, 가
장 가능성 있는 변화의 경향을 설정하거나 변화 경향의 범위를 설정
한다. 네 번째, 만약 현재의 전략을 미래에도 지속한다면 환경 요인
이 조직에 미치게 될 영향을 생각한다. 즉, PEST 분석의 네 가지 요인

은 상호 독립적인 것이 아니라 서로 밀접하게 연관되어 있다. 따라서 PEST 분석은 이러한 요인들의 영향을 예측하는 것뿐만 아니라 상호 간의 관계를 분석하는 것이 중요하다.

PEST 분석은 비교적 단순하고 포괄적으로 외부환경을 평가할 수 있는 틀을 제공한다. 따라서 전략적 기획에서 이후 소개하는 SWOT 분석과 연계하여 많이 사용되고 있으며, 이후 소개하는 다양한 기법에 의해 보완적으로 이루어지고 있다. 특히 델파이(Delphi) 기법은 PEST 분석의 미래 지향적인 분석에 유용하고, 시계열이나 시장조사와 같은 분석에 보완 방법으로 활용할 수 있다.

(2) 내부역량분석

기업에서 조직의 내부 능력을 평가하기 위해 만들어진 도구들은 많이 있다. 이들 가운데 공공조직에서 활용할 수 있는 대표적 기법을 보면 다음과 같다.

벤치마킹 기법

벤치마킹(benchmarking)은 조직의 활동, 과정 등을 그 분야의 최고와 비교하여 평가하고 최고의 조직과 같이 되도록 노력하는 기법이다. 즉 자기 조직의 성취도를 분석하여 최고 수준과 비교ㆍ분석하고, 격차 극복을 위해 조직의 목표를 재설정하여 전략을 수립ㆍ실행하는 일련의 개선 활동을 말한다.

공공부문에서 벤치마킹을 실시하는 이유는 다음과 같다(OECD 1997).

- 벤치마킹은 객관적인 방법으로 조직의 성과를 평가하고 비교할 수 있도록 한다.
- 민간부분과 비교했을 때 비교적 경쟁이 없는 공공부문에서 벤치

마킹은 지속적인 개선에 대한 압력과 같은 기능을 한다.
- 벤치마킹은 기존의 조직에서 문제가 있어서 개선이 필요한 영역을 확인할 수 있다.
- 공공부문은 기존의 활동을 유지하려는 보수적인 경향을 보이지만, 벤치마킹은 기존의 것과 최고의 것을 비교하여 최고를 알 수 있게 한다.
- 조직 내부에서 개별적으로 수행하는 과제와 조직 전체의 성과가 연계되지 않을 수도 있으나, 벤치마킹을 통해 다른 조직과 비교함으로서 과정과 성과 간의 관계를 명확하게 확인할 수 있다.
- 벤치마킹을 통해 개선계획을 모니터링하여, 조직이 펼친 일련의 개선활동이 성공했는지를 평가할 수 있다.

따라서 공공부문은 전략적 기획 과정에서 벤치마킹을 다양한 방식으로 사용하고 있다. 특히 벤치마킹은 조직의 내부역량을 보다 객관적으로 평가할 수 있는 기준을 제시한다. 그러나 벤치마킹은 고객의 욕구나 반응을 평가하지 않는다는 문제가 있으므로 현장 적용과정에서 유의할 필요가 있다.

7S 기법[8]

매킨지(McKinsey)의 7S 기법(The 7-S framework)은 조직의 내부역량을 분석하기 위한 기법이다. 이 기법은 주로 (1) 조직의 현 상황을 파악하기 위하여, (2) 조직의 문제나 약점을 확인하기 위하여, (3) 새로운 전략이나 새로운 업무 계획을 개발하기 위하여 이용된다. 7가지 요소는 전략(Strategy), 조직 구조(Structure), 운영체제(System) 등 하드웨어적 요소와 공유가치(Shared Value), 구성원(Staff), 조직 능력(Skill),

---

8 행정안전부, IBS 전략적 성과관리체계구축을 위한 진단 최종보고서(2012) 참조.

조직 풍토(Style) 등 소프트웨어적 요소로 구분된다.

하드웨어적 요소는 조직 내 문제와 조직 외적인 문제가 복합적으로 나타나며, 전략적인 요소는 부처 간의 조율이 필요할 수 있다. 그리고 구조, 시스템적인 요소 중 일부는 범정부 차원에서의 접근(책임운영기관 운영과 관련 규제에 해당)이 필요하다. 반면 소프트웨어적 요소는 조직 내 문제로, 업무방식, 태도, 가치관, 관리방식 등 주로 구성원들이 보유해야 하는 역량과 관련된 것이다. 7S 기법에서 7가지 요소가 서로 일관성을 유지하고 있는가를 분석하는 것이 중요하다.

7S의 세부항목은 다음의 [그림 8]과 같다. 7S 기법은 세부항목의 요소 간의 불일치된 영역을 파악한다. 요소 간에 불일치되는 부분이 조직의 약점이며 앞으로 개선해야 할 부분이 된다.

그림 8   7S의 세부항목

Shared Value (공유 가치)	비전	비전의 적절성		커뮤니케이션	상하 간 커뮤니케이션
		비전의 공유정도			부서 간 커뮤니케이션
		기관발전과 개인발전의 일치성			소속구성원 간 커뮤니케이션
	업무	근무기회의 영속성	Skills (조직 능력)	개방성	비공식채널을 통한 정보획득
		업무에 대한 집중도			과다한 공식적 방침과 규정
Strategy (전략)	방향성	성장 중심의 전략수립			문제직면 시 해결의 용이성
		장기발전 중심의 전략수립		노하우	관리 노하우의 존재
	적절성	경영목표와의 적합성			관리 노하우의 체계적 관리
		비전과의 적합성			관리 노하우의 전수
		시장환경에 대응하는 진취적 전략수립	Style (조직 풍토)	리더십 평가	기관전략 및 일정에 대한 명확한 인식
	공유	전략의 공유정도			경영목표와 전략적 방향의 공유
		경영목표의 공유정도			부하직원에 대한 적절한 동기부여
		전략의 명확한 역할			인재육성을 위한 노력
	실행 평가	경영목표달성을 위한 노력		리더십 스타일	부하직원의 업무에 대한 이해
		전략적 목표의 달성도			부하직원에 대한 적극적 업무지원

Style (조직풍토)	리더십 스타일	부하직원의 상사에 대한 신뢰도	Staff (구성원의 전문성)	진취성	변화의 민감성과 수용성
		부하직원의 의견수렴			개인적 발전을 위한 능력개발 및 노력
		변화와 혁신에 대한 적극성	System (운영체제)	성과평가	부서 간 성과평가의 공정성
Structure (조직구조)	책임권한	직급 및 직무별 책임과 권한의 명확성			개인별 성과평가의 공정성
		업무의 자율적 처리를 위한 권한부여			성과평가의 객관적 기준 존재
		결과에 대한 업무담당자의 책임정도			공정한 과정을 통한 성과평가
	업무중심	비전달성을 위한 조직구조의 적절성			자기계발 위주의 승진
		부서 간 업무의 적절한 배분			목표이상 성과달성 시의 보상
		부서 내 업무의 적절한 배분		의사결정	탑다운 방식의 의사결정
		환경적응형 임시조직 및 기구의 구성			업무지시의 시의적절성
		직급 대비 인력배치의 적절성			기관방침에 따른 일방적 업무지시
Staff (구성원의 전문성)	업무태도	조직 몰입도		인력육성	교육훈련에 대한 기관의 투자
		직무 만족도			교육훈련의 균등한 기회제공
		팀워크 위주의 업무수행			교육훈련과 직무 간 연관성
		자신과 상이한 의견에 대한 수용도			교육훈련의 시의적절성
		능력자에 대한 인정			
	상호협력	지연 모임 참여를 통한 결속력 강화			
		소속동료와의 커뮤니케이션 정도			

자료: 행정안전부, IBS 전략적 성과관리체계구축을 위한 진단 최종보고서(2012), 21-22면.

(3) 이해관계자 분석[9]

이해관계자 분석(stakeholder analysis)의 시작을 연 Freeman(1984)은 그의 저서인 「전략적 경영: 이해관계자 접근법」에서 이해관계자를 '어떤 조직의 목표달성에 영향을 미치거나 목표달성으로 인해 영향을 받는 개인 또는 집단'이라고 정의하였다. 이해관계자 분석은 공공기관이 조직의 전략을 개발하는 과정에서 핵심 이해관계자의 발굴, 이해관계자로부터의 지원 극대화 및 부정적 영향의 축소를 위한 분석 틀을 제공하고 전략적인 이해관계자 관계 관리를 위한 지침을 제공한다. 게다가 충분하고 적절한 이해관계자 분석은 공공부문의 전략적 의사결정상의 중요한 실수를 방지하고, 비용 대비 편익이 높은 분석방법이다. 따라서 공공부문에서 이해관계자를 정의하고, 이해관계의 구조를 파악하고, 문제해결을 위한 방법을 도출하기 위한 이해관계자 분석에 대한 관심이 높아지고 있다.

---

9 딜로이트 안진회계법인 딜로이트 컨설팅, 공공부문에서의 이해관계자 분석(2015), 참조.

공공부문의 이해관계자 분석은 기본적인 이해관계자 분석, 영향력–격자도 격차, 이해관계자 영향 도표가 있다. 다음에서는 각 이해관계자 분석방법을 소개한다.

기본적인 이해관계자 분석(The basic stakeholder analysis)

기본적인 이해관계자 분석은 ① 이해관계자들과 그들의 관심사항을 발굴하고, ② 조직에 대한 이해관계자들의 관점과 입장을 명확하게 하고, ③ 핵심적인 전략적 문제들을 파악하게 해 주며, ④ 지지 또는 반대 연합을 발견하는 프로세스를 시작하는 데 있어서 신속하고 유용한 결과를 제공한다. 기본적인 이해관계자 분석은 다음과 같은 절차를 통해 이루어진다.

- 분석 그룹의 브레인스토밍을 통해 잠재적 이해관계자 리스트를 작성한다.
- 이해관계자별로 차트를 한 장씩 만들어 상단에 이름을 기재하고 해당 이해관계자의 조직에 대한 요구사항과 기대사항을 리스트 형식으로 정리한다.
- 이해관계자의 요구사항이 분석 그룹이 생각하기에 이해관계자의 입장에서 얼마나 충족되고 있는지를 판단하고, 색깔별 원형 스티커를 붙인다(예; 만족/보통/불만 – 초록/노랑/빨강).
- 이해관계자별로 단기간에 개선할 수 있는 사항을 파악하고 기록한다.
- 이해관계자 개별 또는 집단으로 중장기적으로 풀어야 하는 문제들을 파악하고 기록한다.
- 상기의 분석절차 수행 이후 실무적으로 가능하다면, 각 이해관계자가 어떠한 방법으로 조직에 영향을 미치는지, 조직이 각 이해관계자에게 필요로 하는 것은 무엇인지 등을 명확히 하고 조직에

대한 이해관계자들의 중요성을 기준으로 서열화해 본다.

이해관계자를 보다 세분화하고 구체화된 수준에서 파악할수록 이해관계자 분석 및 관리방안이 보다 직접적이고 용이해진다. 따라서 분석의 유용성을 위해서는 이해관계자 리스트가 길어질 수 있다. 예를 들어, 공공기관이 포괄적인 수준에서 이해관계자를 파악할 경우, 관련 정부부처(국가/지자체), 민간(기업/단체), 지역주민 등 도출될 수 있는 이해관계자 수가 10~15개 내외에 불과할 것이다. 그러나, 공공기관이 수행하는 사업별로 관련성 있는 정책을 구분하고 해당 정책에 영향을 미치는 정부부처(국가/지자체), 민간(기업/단체), 연구소/학계 등과 해당 정책으로 인해 영향을 받는 정부부처(국가/지자체), 민간(기업/단체), 지역주민을 1차적으로 분류하고, 1차로 분류된 각 집단 내에서 개인이나 하위집단으로 이해관계자를 세분화할 경우 50~100개에 달하는 이해관계자를 도출할 수 있다.

영향력-관심도 격자(The power-interest grid)
영향력-관심도 격자는 기본적인 이해관계자 분석에서 도출된 이해관계자들을 조직이나 당면한 문제에 대한 이해관계자의 관심도와 조직이나 당면 문제의 미래에 대한 이해관계자의 영향력이라는 2가지 축으로 배치한 것이다(Eden&Ackermann 1998). 2가지 축으로 배치하여 4가지 카테고리(Subjects, Players, Crowd, Context Setters)로 이해관계자를 구분한다(그림 9).

그림 9   영향력-관심도 격자

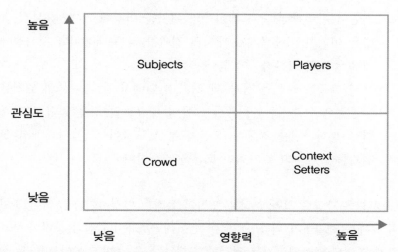

자료: 딜로이트 안진회계법인 딜로이트 컨설팅, 공공부문에서의 이해관계자 분석(2015), 5면.

영향력-관심도 격자 분석은 4가지 카테고리로 이해관계자를 구분함에 따라 이해관계자들이 수행하는 역할에 대한 통찰력을 얻을 수 있고, 각 이해관계자 카테고리 별로 합리적 대응방안을 모색하는 데 도움을 줄 수 있다. 영향력-관심도 격자 분석은 다음과 같은 절차를 통해 이루어진다.

- 4장의 차트 종이로 벽에 커다란 격자를 만든다(대안으로 대형 화이트보드 등을 사용할 수 있다).
- 적당한 크기의 포스트잇으로 기본적인 이해관계자 분석에서 도출한 이해관계자 리스트에 있는 개별 이해관계자 명칭을 기재한 레이블을 만든다.
- 진행자는 분석 그룹 참여자들의 가이드를 받아 개별 이해관계자 레이블을 해당 이해관계자가 갖는 관심도와 영향력의 높고 낮음

에 따라 특정 사분면에 배치시킨다.

- 각 레이블의 전체 격자상의 상대적 위치에 대해 분석 그룹 멤버 전원이 만족할 때까지 레이블의 위치를 변경해 가면서, 분석 그룹은 이러한 이해관계자 배치의 결과가 갖는 내용이나 시사점에 대해 충분히 토론하여야 한다.
- 분석 그룹은 토론을 통해 각 사분면 내에서 각 레이블의 위치를 최종적으로 결정한다. 분석 그룹이 대규모일 경우 소규모 그룹별로 분석과정을 진행하고 전체 분석 그룹이 모인 자리에서 동 결과를 공유하고 추가적인 토론을 진행한다.

영향력-관심도 격자 분석은 조직의 목적을 달성하거나 조직이 당면한 문제를 해결하기 위하여 ① 어떤 이해관계자의 관심과 능력이 중요하게 고려되어야 하는지를 결정하는 데 도움을 주며, ② 이를 위해 누구를 끌어들여야 하는지, 누구의 동의나 지원을 받아야 하는지, 어떤 이해관계자 연합을 옹호하거나 억제해야 하는지를 파악하는 데 도움을 주고, ③ 이해관계자들이 그들의 견해를 바꿀 수 있도록 설득할 수 있는 정보를 제공한다.

이해관계자 영향 도표(The stakeholder influence diagrams)
이해관계자 영향 도표는 앞서 살펴본 영향력-관심도 격자의 이해관계자들이 서로 어떻게 영향을 미치는지를 도표로 나타낸 것이다. 이는 격자상의 이해관계자들을 영향력이 전달되는 방향으로 화살표로 연결하면 된다. 상호 영향을 미치는 경우 양방향 화살표로 표시하지만, 이 경우에는 어떤 것이 이해관계자 간에 영향을 미치는 주된 방향인가에 대해서는 깊이 검토가 선행되어야 한다. 이해관계자 영향 도표 분석은 누가 가장 많은 영향을 미치는 이해관계자이며 가장 중심적인 이해관계자인지를 포함한 도표의 결과와 시사점에 대해 충분히 토의되어야 한다.

(4) 미래예측 기법[10]

불확실성의 증대로 인하여 사전적 예방을 강화하기 위한 미래예측에 대한 전략적 접근의 중요성이 점차 커지고 있다. 그러나 미래를 정확하게 예측하는 것은 쉽지 않다. 따라서 미래예측은 발생할 수 있는 최악의 경우를 대비하며 최선의 목표를 추구하는 전략의 접근이라 볼 수 있다. 여기에서는 델파이 기법과 시나리오 기법을 중심으로 미래예측 기법을 소개한다. 미래를 예측하는 각 기법들은 장단점을 가지고 있기 때문에 상황에 따라서 적절한 기법을 선택하거나 복합적으로 활용하는 것이 필요하다.

델파이 기법

델파이(Delphi) 기법은 1948년 미국의 랜드(Rand)연구소에서 국방 및 사회문제에 대한 전문가들의 집단의견을 수렴하기 위해 개발된 기법으로, 미래예측을 포함한 다양한 용도로 활용되고 있다. 전략기획에서 SWOT 분석, PEST 분석, 선택할 대안의 창출, 대안의 평가 시 나리오의 구성 등에 이용된다.

델파이 기법은 일반적으로 다음과 같은 과정을 거친다.

- 문제나 이슈에 대한 전문가를 선정한다. 전문가 선정은 직·간접적으로 연계된 분야에서 선정하며, 전문가의 수는 제한이 없지만 많을수록 좋다.
- 선정된 전문가 집단에게 예측하고자 하는 문제나 관련된 분야에 대해 설문지를 배부한다.

---

10 정재호. 2006. "미래예측 방법론—이론과 실제." 나라경제(10월): 118–125면 참조.

- 설문지 응답 결과를 취합한 후, 집계통계(중위수·확산도·빈도)를 환류(feedback)시킨다. 즉, 설문지 응답 내용을 통계 처리한 뒤에 결과물을 다시 동일 전문가에게 발송하여 처음의 의견을 수정할 것인지를 물어서 결과를 회신하도록 한다. 그 결과는 같은 방법으로 통계 처리를 한다. 의견수정 후 정보의 통제 환류에 의한 학습과정을 적정수준 도달 시까지 반복하여 전문가들의 의견수렴을 유도한다.
- 이 과정에서 전문가의 의견이 어느 정도 합치되면 설문을 중단하고 그 결과에 따라 예측을 한다. 그러나 의견의 합치가 이루어지지 않으면 앞의 과정을 반복하게 된다. 전문가 다수 의견의 수렴을 통해 개인적 주관성을 객관화하고 문제 인식에 대한 공감대를 구축하여 해법을 제시하기 위한 선결조건을 구비할 수 있다.

본래 델파이 기법은 미래예측보다는 전문가들의 합의에 의한 최상의 의견 도출을 위해 개발되었다. 사회적 의사결정 과정에 다양한 분야의 대표적 전문가들의 참여를 유도하고, 통제된 정보의 환류에 의해 합의를 도출하는 델파이 기법은 대면회의보다 객관적이며 이성적인 합의도출이 용이하다. 게다가 대면회의에서 나타날 수 있는 사회적인 압력과 같은 한계를 익명과 개별 응답으로 극복할 수 있다.

그러나 대면회의에서 나타날 수 있는 지적 자극이 부족하고, 다수의견의 가능성이 원천적으로 배제되고, 의견 단일화를 위한 압력으로 인해 창의적 발상이 저하될 가능성이 높다. 게다가 통제된 집단 정보의 환류과정을 반복함으로써 많은 시간이 소요된다는 단점이 있다. 따라서 창의적인 발상을 유도하기 위해 초기에는 갈등을 의도적으로 조성하고, 환류 정보에 주요 쟁점을 요약하고, 소수의견을 첨부하며, 필요하다고 인정될 때에는 대면토론을 허용한다.

한편, 델파이 기법은 익명으로 인한 도덕적 해이 문제가 존재하므로 전문가 풀(pool)의 추출이 중요하다. 현실적으로 전문성이 높으나 편협하지 않고, 대표성이 있으나 이해관계에 얽히지 않은 전문가 풀을 추출하기 위한 노력을 기울여야 한다. 앞서 설명한 한계를 극복한다면, 델파이 기법은 전략의 수립 과정에서 목표 간의 우선순위 설정, 정책대안들의 적합성, 집행 가능성, 효과의 평정 기준 등 문제인식과 가치기준의 공유를 통해서 내부 갈등요인을 줄이고, 문제의 해결기반을 제고할 수 있다.

시나리오 기법

시나리오(Scenario) 기법은 1950년 미국 랜드연구소에서 무기 발전과 군사전략 간의 관계를 분석하기 위하여 개발되었고, 이후 미래예측 전문가들에 의해 정교해졌다. 시나리오 플래닝(Scenario planning)은 불확실한 미래를 예측하기 위해 미래의 영향력이 큰 주요 동인을 분석하고 이들의 변화에 따른 다양한 시나리오를 작성하여 다양한 미래 모습을 살펴본 후, 여러 가지 시나리오 중에서 의미 있는 것을 찾아내어 전략적 대응을 마련하는 방법이다. 시나리오는 특정 이슈와 관련하여 예상되는 미래의 종합적인 변화 모습을 여러 가지 스토리로 구상하고 상황에 따른 시나리오를 펼쳐서 미래에 대한 선택의 폭을 확장한다. 예상되는 주요 변수들에 관한 동향과 사건들 간의 상호작용을 일관성·체계성 있게 분석하고 발생 가능한 미래 상황을 묘사하여, 의사결정자이 미래의 변화된 모습을 보다 명료하게 이해하고 이를 대비·대응할 수 있는 전략을 수립하는 데 기여한다.

시나리오의 작성은 전략을 수립하기 위한 과정의 시작으로 전략과 연계될 때에 의미를 갖는다. 따라서 시나리오들이 묘사하고 있는 여러 가지 상황에 대한 이해당사들의 이해와 합의가 이루어져야 하고,

정책결정자들이 명확한 결정을 내릴 수 있도록 그 내용이 명료하게 서술되어야 한다. 시나리오 분석은 선정된 이슈와 관련하여 현재로부터 크게 벗어나지 않는 단정적인 단순 예측(forecasting)이나 원하는 미래를 그려 내는 비전이 아니다. 불확실한 미래의 변화를 가져올 현재의 트렌드와 변화 동인(driving forces)을 도출하고, 이러한 변화 동인들로 인해 발생 가능한 상황과 그 파급 효과를 보여주는 다양한 시나리오를 전개해야 한다.

시나리오 작성을 위해서 소수의 전문가 그룹, 델파이 등의 설문조사, 워크숍 등 다양한 방법들이 활용되고 있다. 시나리오 워크숍은 참여자의 논의와 합의를 이끌어 내는 데 유용하지만, 많은 시간과 재원이 필요하고 객관적으로 검증하기 어렵다는 한계가 있다. 그리고 참여하는 전문가들의 시각에 따라 미래를 제각기 다르게 해석할 가능성이 크다는 단점이 있다. 따라서 전문가들의 지식 범위 내에서 예측 범위가 한정된다는 한계가 존재한다. 이러한 점을 보완하기 위하여 다양한 방법론들이 개발되고 있다.

한편, 미래학자 피터 슈워츠는 1991년에 저서 『The Art of Long View』에서 시나리오 플래닝 기법을 제시하였다. 제시된 기법의 특성은 미시적 시각에서 주요 동인들을 우선 도출한 후, 미시적 동인들에 주요한 거시적 동인들을 도출하는 것에 있다. 이러한 시나리오 플래닝 기법은 전략적 기획에 적합하며, 적용절차는 다음과 같다.

- 중심 주제(Theme)와 의사결정 사항 결정
- 미래환경 변화에 영향력을 행사하는 동인의 도출
- 상관관계와 의존도를 분석하여 핵심환경 요인들(drivers)을 채택
- 불확실성과 영향력에 따라 동인들 간의 우선순위를 결정 (categorization)
- 핵심환경 요인들의 조합 중 유의미한 시나리오에 대한 대응 방안 모색

- 시나리오별 전략을 차별화하고 구체화한 후 스토리라인의 구성
- 실행과정을 모니터링하기 위한 주요 지표와 가이드라인의 설정
- 변화의 방향을 조기에 포착하여 위험의 회피와 기회의 실현으로 연계

2) 전략계획체계

(1) 비전체계

비전(vision)이란 조직이 달성하고자 하는 바람직한 미래에 대한 개념적인 이미지로서, 조직이 장기적인 시각에서 현실과 미래를 연결하는 전략적 구상이다. 비전은 조직의 임무(Mission), 전략(Strategy), 그리고 문화(Culture)의 결합체이다(Lipton 1996; 박홍윤 2014, 207 재인용). 비전을 설정할 때에는 비전의 명확성, 실효성, 그리고 공감성의 원칙을 고려하여 비전(안)을 설정해야 한다. 비전 설정의 원칙은 [그림 10]과 같다.

그림 10   **비전 설정의 원칙**

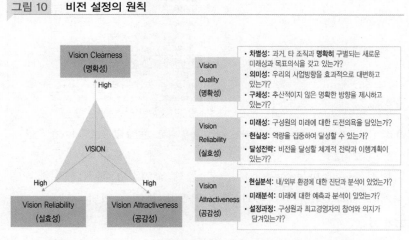

자료: 행정안전부, IBS 전략적 성과관리체계구축을 위한 진단 최종보고서(2012), 46면.

비전선언서(vision statement)는 조직이 미래에 어떻게 보이기를 원하는가를 보여주기 위하여 조직의 임무, 기본 철학 · 핵심 가치 · 문화적 특성, 조직의 목적, 기본 전략, 성과의 기준, 중요 의사결정 규칙, 윤리적 기준 등이 포함되어야 한다. 비전은 조직의 임무를 수행하는 것을 목적으로 하고, 이를 바람직한 방법과 전략으로 수행할 수 있도록, 전략적 계획의 맥락 속에서 만들어져야 한다.

공공부문의 비전선언서는 비전의 구성요소 중 주로 가치, 역량, 위치 수준에서 정의되고 있다(그림 11).

그림 11 공공부문의 비전 설정

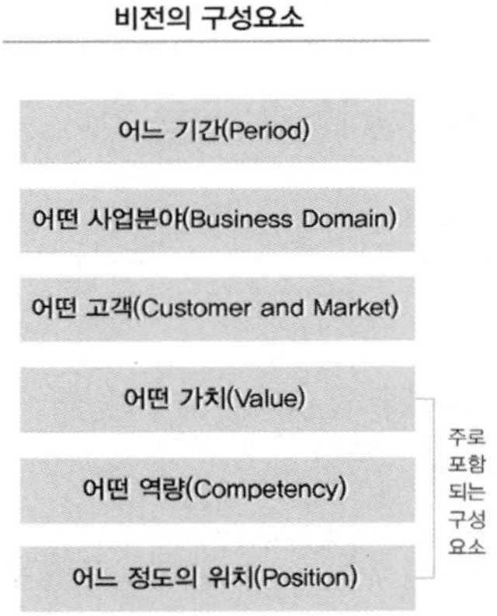

비전의 구성요소

- 어느 기간(Period)
- 어떤 사업분야(Business Domain)
- 어떤 고객(Customer and Market)
- 어떤 가치(Value)
- 어떤 역량(Competency)
- 어느 정도의 위치(Position)

주로 포함되는 구성요소

정부부처 Vision Statement

부처명	비전
국토해양부	국민에게 사랑 받는 일류 국토해양부
고용노동부	국민 누구나 일할 수 있고 일을 통해 행복한 나라
기획재정부	서민을 따뜻하게 중산층을 두텁게
교육과학기술부	교육살리기, 과학기술강국 건설
보건복지부	국민 누구나 건강하고 행복이 넘치는 희망사회 실현
지식경제부	동반성장으로 성과 확산, 경제체질 강화로 선진경제 도약
감사원	바른 감사 바른 나라
법무부	국민이 행복한 선진 법치국가
농림수산식품부	돈버는 농업, 살맛나는 농어촌
국방부	정예화된 선진강군 육성
여성가족부	잘사는 국민, 따뜻한 사회, 자랑스런 대한민국
문화체육관광부	문화가 창조하는 더 큰 대한민국
행정안전부	안전하고 따뜻한 선진 대한민국

자료: 행정안전부, IBS 전략적 성과관리체계구축을 위한 진단 최종보고서(2012), 47면.

비전을 설정하는 것은 팀워크를 통해 참여적인 과정에 의해 이루어져야 한다. 비전은 다음과 같은 과정을 통해 설정된다(박흥윤 2014, 212-214).

- 전략기획팀 내에 비전선언서를 작성하는 소집단을 구성한다. 이렇게 구성된 비전선언서 작성팀은 비전선언서(안)를 작성하고,

다양한 의견을 수렴하여, 비전선언서의 작성을 위한 집단회의 자료를 준비하는 역할을 한다.

• 비전선언서(안)를 작성한다. 비전선언서(안)를 작성할 때에는 조직에 대한 위임 사항, 임무, 조직 환경, 고객과 이해관계자의 바람, 바람직한 조직의 미래 등을 검토한다. 그리고 비전선언서를 작성할 때에는 성공한 다른 조직의 비전선언서를 참고하는 것도 도움이 된다.

• 비전선언서 작성을 위한 집단토의를 한다. 원활한 집단토의의 진행을 위하여 성공한 조직의 비전과 이해관계자들의 의견 수렴 결과를 정리하여 제시하여야 한다.

• 비전선언서(안)는 전략기획위원회에서 확정된다. 비전선언서가 확정되는 과정에 조직의 최고관리자, 고위 의사결정자들의 참여가 필수적이다. 그리고 전략기획위원회의 결정 이후에 비전 작성팀을 중심으로 슬로건 형태의 비전과 이에 대한 설명서를 작성한다.

• 비전이 완성되면 전략적 기획 과정 동안에 조직의 내·외부의 이해관계자에게 비전을 공포하고 이를 활용한다. 비전선언서를 전달하는 매체는 인터넷, 매스컴, 현수막, 공식문서 등으로 다양하다. 특히 조직의 최고관리자가 직원회의, 외부의 회의나 모임에서 지속적이고 반복적으로 조직의 비전을 전달하는 것은 비전선언서를 전달하는 효과적인 방법이다.

(2) 전략목표설정

전략목표의 의의와 기능

전략목표는 비전과 경영목표를 효과적이고 성공적으로 달성하기 위한 전략적 이니셔티브이다. 즉 전략목표는 조직이 향하는 길의 이정표와 같은 역할을 하며, 조직이 나아가야할 광범위한 그림을 제공하는 목적과 프로그램을 연계하는 매개 수단이다. 따라서 전략 목표는 무엇을 달성할 것이며, 어떻게 달성할 것인지, 그리고 언제 누가 달성할 것인지를 양적·구체적으로 제시해야 한다. 그러나 공공부문은 민간부분과 달리 전략목표를 구체적이고 양적으로 표현하기가 쉽지않다. 그러나 공공부문에서도 성과지향의 전략적 기획이 강조되면서, 목표의 달성 정도를 평가할 수 있도록 전략목표를 양적으로 표현하고자 노력하고 있다.

전략적 목표는 전략적 기획 과정에서 다음과 같은 역할을 한다(박홍윤 2014, 250-251).

- 목표는 조직은 조직의 구성원, 고객, 사회를 위해 조직이 무엇을 할 것인가를 알려준다.
- 목표는 조직이 조직의 위임 사항, 임무, 비전, 목적을 추구하는 데 도움을 준다.
- 목표는 관리자들이 조직의 성과를 측정하고 활동의 지침이 되는 의사결정 규칙이다.
- 목표는 효과적으로 자원을 배분하는 기준이 된다.
- 목표는 성과평가의 기초를 제공한다.
- 목표는 책임성을 명확하게 배분하여 효과적인 관리 수단이 된다.
- 목표는 조직구성원에게 동기 부여와 활동의 지침을 제공하고, 내·외부 커뮤니케이션을 촉진한다.

전략목표의 조건: SMART 원칙

전략목표 설정은 SMART 원칙에 따라 구성되어야 한다. SMART 원칙은 Specific, Measurable, Aggressive&Attainable, Result-Oriented, Time-Bound의 앞 글자를 명명한 것이다. SMART 원칙의 구체적인 내용은 다음과 같다(박홍윤 2014, 251-252).

- 전략목표는 정확하고 구체적이어야 한다(Specific). 목표는 구체적이며, 최종 결과물에 초점을 맞추어야 한다. 목표는 달성하고자 하는 것을 위하여 이해관계자들이 이해하기 쉽고 명확하게 표현해야 한다.
- 전략목표는 측정 가능해야 한다(Measurable). 목표는 달성 정도를 측정할 수 있도록, 양적으로 표현되거나 달성 정도를 입증할 수 있도록 표현되어야 한다.
- 전략목표는 도전적이지만, 실현 가능해야 한다(Aggressive&Attainable). 목표는 조직의 발전을 위하여 도전적인 상황을 추구하고, 조직구성원에게 동기를 부여해야 한다. 그러나 실질적으로 실현이 가능하도록 세부 활동계획 수립이 가능한 정도에서 수립되어야 한다. 도전적이지만 실현 가능한 전략목표의 수립을 위하여 환경분석과 평가가 필요하다.
- 전략목표는 결과 지향적이어야 한다(Result-Oriented). 목표는 기관의 위임 사항, 사명선언서, 비전선언서, 그리고 목적으로부터 수립되며, 활동이 아닌 결과를 구체화해야 한다.
- 전략목표는 시간적 범위가 제시되어야 한다(Time-Bound). 목표는 수립과 시작 일자, 그리고 구체적인 완성의 마감시한이 있어야 한다. 이때 목표의 시간적 범위는 계획 기간과 목적의 기간보다 짧아야 한다. 공공부문에서 목표의 시간 범위는 예산회계 기간과 일치시킬 필요가 있다.

3) 전략형성기법

전략은 조직의 내적 능력과 외부 환경을 연결하는 중요한 수단이다. 둘을 연결하여 전략을 도출하기 위해 가장 일반적으로 사용되고 있는 것은 SWOT 매트릭스와 갭 분석이다.

(1) SWOT 매트릭스(SWOT Matrix)

SWOT 매트릭스란 조직의 내부환경을 분석하여 강점과 약점을 발견하고 외부환경을 분석하여 기회와 위협을 찾아내어 전략을 수립하는 것을 말한다(Weihrich 1982). SWOT 매트릭스 전략은 [표 6]에서 보듯이 조직의 강점과 약점을 외부 환경이 주는 기회와 위협 요인을 연계하여 전략을 SO(강점-기회) 전략, WO(약점-기회) 전략, ST(강점-위협) 전략, WT(약점-위협) 전략으로 구분하고 있다.

|표 6 | SWOT 전략

	강점(Strengths)	약점(Weaknesses)
기회 (Opportunities)	**SO 전략** • 기회를 활용하면서 강점을 더욱 강화하는 전략 • 공격적 전략과 이를 지원하는 활동이 포함됨 • 일반적으로 사업영역, 사업포트폴리오, 시장 확대 등이 핵심전략	**WO 전략** • 기관의 약점을 보완해서 외부환경의 기회를 활용하는 전략 • 국면전환 전략과 이를 지원하는 활동이 포함됨 • 일반적으로 운영의 효과성을 추구하는 각종의 혁신운동이나 구조조정 등이 핵심전략
위협 (Threats)	**ST 전략** • 외부환경의 위협요소를 회피하면서, 기관의 강점을 활용하는 전략 • 다각화 전략과 이를 지원하는 활동이 포함됨 • 일반적으로 신사업 진출, 신제품 및 신기술 개발, 신고객 창출 등이 핵심전략	**WT 전략** • 외부환경의 위협요인을 회피하고, 기관의 약점을 보완하는 전략 • 방어적 전략과 이를 지원하는 활동이 포함됨 • 일반적으로 지속적인 경영효율화, 비핵심 사업 축소/철수 전략 등 현상유지 및 방어를 위한 전략들이 핵심전략

SWOT 매트릭스를 구상하기 위해서는 다음과 같은 8단계를 거칠 필요가 있다(박홍윤 2014, 271-272).

① 조직의 중요한 외적 기회에 대한 목록을 작성한다.
② 조직에 대한 중요한 외적 위협에 대한 목록을 작성한다.
③ 조직의 중요한 내적 강점에 대한 목록을 작성한다.
④ 조직의 중요한 내적 약점에 대한 목록을 작성한다.
⑤ 내적 강점과 외적 기회를 연결하여 SO 전략에 그 결과를 기록한다.
⑥ 내적 약점과 외적 기회를 연결하여 WO 전략에 그 결과를 기록한다.
⑦ 내적 강점과 외적 위협을 연결하여 ST 전략에 그 결과를 기록한다.
⑧ 내적 약점과 외적 위협을 연결하여 WT 전략에 그 결과를 기록한다.

SWOT 매트릭스 전략을 구상한 이후 전략 방향을 도출하고, 이에 따른 전략과제 및 세부과제의 도출이 가능하다. 전략의 도출과 전략과제 도출의 과정은 [그림 12]와 같다.

그림 12 전략방향 도출 및 전략과제 도출 과정

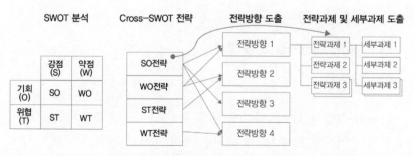

자료: 행정안전부, IBS 전략적 성과관리체계구축을 위한 진단 최종보고서(2012), 43면.

(2) 갭 분석[11]

갭(gap) 분석은 조직의 전략적 위치와 조직이 바라는 전략적 위치 간의 갭(gap)을 파악하고, 갭이 나타난 원인을 분석하고 목표를 달성하는 방법을 모색하는 기법이다. 갭은 조직이 가지고 있는 능력과 조직 외부환경의 기회와 위협을 비교하여 파악한다. 만약 조직이 모든 기회를 이용하고 위협을 방어할 수 있다면 갭은 나타날 수 없지만, 현실적으로 이러한 상태는 거의 불가능하다.

조직이 바라는 전략적 위치와 현재의 위치 사이에 나타나는 갭의 크기에 따라 다른 전략을 수립한다. 조직의 전략을 살펴보고, 조직의 경쟁자나 모범 사례와 비교하는 벤치마킹하는 전략적 갭 분석을 실시할 수도 있다. 갭 분석을 실시하는 방법은 다음과 같다.

- 분석할 영역과 달성할 목표를 식별한다.
- 이상적인 미래 상태를 설정한다.
- 현재 상태를 분석하고, 설정한 목표에 달성하지 못한 이유를 파악한다.
- 현재 상태를 이상적인 상태와 비교한다.
- 갭(차이)을 설명하고 차이를 수량화한다.
- 권장 사항을 요약하고 격차를 해소하기 위한 계획을 세운다.

4) 기획의 집행–검토 및 평가

(1) 성과 목표

기획의 집행에서는 명확하게 설정된 목표와 이에 대한 구성원의 공유가 이루어져야 한다. 이를 위하여 전략 목표를 달성하기 위한 구체

---

11 smartsheet, https://www.smartsheet.com/gap-analysis-method-examples., accessed May 20, 2021.

적인 행동 방향을 나타내는 '성과 목표'가 필요하다. 전략적 기획에서 성과 목표는 전략 목표를 연차별 목표로 구분한 타깃(target)으로 이해할 수 있다. 연차별 목표는 자원 배분의 기초를 제공하고, 집행 및 관리자를 평가하며, 장기적 목표 달성을 위한 진행 과정을 모니터하기 위하여, 조직 부서의 우선순위를 설정하기 위하여, 그리고 조직구성원의 동기 부여와 행동 지침을 제공하기 위하여 설정한다(David 2006).

연차별 성과 목표를 설정할 때에는 다음과 같은 사항을 고려해야 한다. 첫째, 성과 목표는 전략적 계획의 장기 목표와 일치하도록 설정해야 한다. 둘째, 성과 목표는 다른 부서 프로그램의 성과계획 및 목표를 반영하여 설정해야 한다. 다른 부서의 성과계획과 목표와 일관성 없이 설정된 경우, 자원의 낭비와 사업의 효과성 저하를 가져온다. 셋째, 성과 목표는 객관적으로 측정하고 평가할 수 있도록 설정해야 한다. 양적 평가가 어려운 성과 목표의 경우에는 대안으로 질적 평가가 제시되어야 한다. 넷째, 성과 목표는 의도한 결과와 실제 달성한 결과를 비교할 수 있도록 설정해야 한다.

공공조직에서 성과는 프로그램의 목적으로 판단하고, 바람직한 결과가 달성되었는지에 따라 성공 여부를 판단하게 된다. 따라서 연차별 성과계획의 행동계획에는 조직이 달성하고자 하는 성과를 명확하게 설정하여야 한다. 성과의 기준은 고객의 욕구나 기대를 중심으로 설정해야 하지만, 이에 대한 통일된 기준을 설정하기 쉽지 않기 때문에 지속적인 개발이 필요하다.

성과 목표를 설정할 때에는 목표관리제(Management By Objective: MBO)에 의해 설정할 수 있다. MBO는 목표의 설정(setting objectives), 목표달성을 위한 과정의 추적(tracking progress), 최종산출에 대한 평가(evaluating results)의 과정을 통해 이루어진다. 이를 위해 MBO에서는 ① 주어진 시간에 달성해야 할 과제를 위한 최종목표, 중간목표 및 목표들 사이의 우선순위를 결정하는 문제, ② 목표달성을 위한 발전계획의 수립, ③ 자원(인력, 예산, 설비, 정보)의 배분, ④ 구성원의 참여유도, ⑤ 목표달성과정의 통제 및 추적, ⑥ 능률과 절약 및 효과성을 기준으로 한 산출을 평가(질적 평가 포함) ⑦ 기술향상을 통한 목표와 결과의 개선을 다루고 있다(Shafritz 1998, 1335-1336). 조직의 최종목표를 달성하기 위해 중간목표들을 일치시키고 우선순위를 정하는 목표관리제는 성과 목표 설정을 위한 유용한 수단으로 볼 수 있다.

(2) 실행계획 수립방법

체크리스트법

체크리스트법(Checklist Technique)은 Osborne(1957)이 개발한 방법으로, 체크리스트에 새로운 아이디어를 내는 체크포인트를 준비해 두고 하나씩 찾아 나가는 방법이다. 전략적 기획을 할 때에 새로운 아이디어를 발굴할 때, 막연하게 생각하기보다는 발상을 촉구하는 중요한 포인트를 미리 정해 두고 순서대로 체크해 가는 방법을 말한다.

오스본의 체크리스트를 보완하여 발전시킨 스캠퍼(SCAMPER) 기법이 있다. 스캠퍼는 대체(Substitute), 결합(Combine), 적용(Adapt), 수정 확대 축소(Modify Magnify Minify), 용도 변경(Put to other use), 제거(Eliminate), 재배치 반전(Rearrange-Reverse)의 머리글자를 따서 이름붙인 것이다. 스캠퍼 기법은 사고의 영역을 일정하게 제시하여 구체적인 방안이 나올 수 있도록 한다. 아이디어를 자극하는 질문 목록으로, 대체, 결합, 적용, 수정 확대 축소, 용도 변경, 제거, 재배치 반전의 7가지 아이디어를 발상하는 기법이다(박홍윤 2014, 297). 그 자세한 내용은 다음과 같다.

- 대체(Substitute): 기존의 것을 다른 것으로 대체하여 새로운 아이디어를 찾아낸다.

- 결합(Combine): 두 가지 이상의 것을 합쳐서 시너지를 내거나 새로운 것을 만들어 낸다.
- 적용(Adapt): 기존의 것을 다른 조건이나 목적에서 사용하거나, 일부를 바꾸어 본다.
- 수정 확대 축소(Modify Magnify Minify): 바꾸거나 확대 혹은 축소하여 새로운 것으로 만들거나, 대안을 찾아낸다.
- 용도 변경(Put to other use): 다른 용도로 바꾸어 적용해 본다.
- 제거(Eliminate): 구성요소 중 일부를 제거해 본다.
- 재배치 반전(Rearrange-Reverse): 지금과는 다르게 순서, 역할 등을 바꾸어 본다.

비용편익효과 · 분석[12]

비용편익분석은 1965년 미국의 존슨 대통령 시절에 각종 사회개발 프로그램을 운영하면서 비용편익분석에 의해 타당성이 확보된 공공사업만을 추진하는 기획예산제도(Planning Programming and Budgeting System: PPBS)를 채택하면서 크게 발전하였다. 1970년대에는 UN, OECD, 그리고 IBRD에서 투자계획에 비용편익분석에 의한 경제적 타당성 분석을 의무화하였다.

정책의 결정이나 기획과정에서 대안을 분석 · 평가할 때 흔히 사용되는 분석기법으로, 여러 정책대안 가운데 목표 달성에 가장 효과적인 대안을 찾기 위해 각 대안이 초래할 비용과 편익을 비교 · 분석하는 기법이다. 비용편익분석은 몇 개의 대안이 저마다 제시한 프로젝트(세부 사업계획)에 의하여 생겨나는 편익과 비용에 대하여 각각 측정하고, 그 편익의 크기(금액)와 비용의 크기(금액)를 비교 평가하여 가장 합리적이고 효과적이라 파악되는 대안을 선택하기 위하여 활용된다.

12　이종수, 「행정학사전」, 대영문화사, 2009 참조.

공공기관은 다양한 정책이나 사업 중에서 특정 이익집단이 아닌 사회 전체의 이익을 극대화할 수 있는 것을 선택해야 한다. 그러나 공공기관이 사용할 수 있는 자원은 제한되어 있기 때문에 개별 사업의 우선순위를 정할 수밖에 없다. 편익과 비용의 비교를 통한 효율성의 측정 즉, 비용편익분석은 제한된 자원의 배분과 관련된 의사결정에 유용하다. 특정 사업의 타당성이 비용편익분석의 결과에 전적으로 의존하는 것은 아니지만 현실적으로 거의 모든 정부사업에 대해 비용편익분석이 수행되고 그 결과가 중요한 평가 기준이 되고 있다(오정일 2012, 34).

비용편익분석이 다른 경제성 평가방법들과 구분되는 특성은 특정 사업의 긍정적(편익), 부정적(비용) 영향을 화폐 단위로 환산한다는 것이다. 비용편익분석은 대안의 성과를 화폐가치로 환산해서 측정할 수 있는 것에만 적용되며, 화폐가치로 환산할 수 없고 다만 계량적으로 측정할 수 있는 것에는 비용효과분석의 기법이 적용된다.

말콤 볼드리지 모델

말콤 볼드리지 국가 품질관리 대상(The Malcolm Baldrige National Quality Award: MBNQA)은 경영 품질에 있어서 세계적으로 공인된 기준으로 최고의 경영시스템 평가모델로 인정받고 있다(차정현 · 김수욱 2006). MBNQA은 1988년 TQM을 활성화하기 위해 제정되었으며, 조직의 성과관리에 대한 통합적인 접근을 통해 기업을 자가진단하는 도구로 활용되고 미국의 경쟁력 향상에 기여하도록 설계되었다.

볼드리지의 평가 기준은 고객위주, 리더십, 미래지향성, 혁신관리 등에 있으며, 다음의 표와 같이 7개의 평가영역으로 구분하여 평가한다.

표 7 볼드리지의 평가 기준

범주	조사항목	배점
1. 리더십	1.1. 경영진의 리더십	70
	1.2. 기업의 사회적 책임	50
2. 전략 기획	2.1. 경영전략과 수립과정	40
	2.2. 기업전략	45
3. 고객과 시장	3.1. 고객과 시장에 대한 인식	40
	3.2. 고객 만족과 고객 관계정립	45
4. 정보와 분석	4.1. 조직성과의 측정과 분석	45
	4.2. 정보의 지식 경영	45
5. 인적 자원	5.1. 작업시스템	35
	5.2. 종업원 교육, 훈련, 및 배치	25
	5.3. 종업원 복지와 만족	25
6. 프로세스 관리	6.1. 가치 제품 프로세스	45
	6.2. 지원 프로세스와 작업 계획	40
7. 사업실적	7.1. 제품과 서비스 실적	100
	7.2. 고객 만족 실적	70
	7.3. 재정·시장 거래 실적	70
	7.4. 인적자원 관리 실적	70
	7.5. 회사 고유 실적	70
	7.6. 협력 회사와의 거래 실적	70
총계		1,000

자료: 김세형. "공공기관 경영평가지표 범주 간 평가결과의 기관 유형별 차이 분석." 석사학위, 서울대학교 행정대학원, 2018.

균형성과표(Balanced Score Cards: BSC)

균형성과표(Balanced Score Cards: BSC)는 Kaplan&Norton이 전통적인 재무지표 중심의 성과측정이 고도의 정보화 시대에 접어들면서 부적합하다는 인식하에, 일련의 기업체 컨설팅 경험을 기반으로 개발하여 제안한 것으로서 사업단위 조직의 성과를 평가하기 위한 기법이다. BSC는 재무적 성과지표와 비재무적 성과지표 간의 균형 잡힌 성과관리 도구이며, 장기적으로 수행하기 위한 전략적 시스템이다(Kaplan&Norton 1996). 따라서 BSC는 조직원들에게 목표와 측정지표를 통해 조직의 전략에 대해 설명할 수 있는 새로운 틀을 제공하여, 어떻게 조직의 목표를 달성할 수 있는가를 알려주는 나침반과 같은 역할을 수행한다(김성수 2006, 1030).

BSC가 주목받는 이유는 단지 재무적 측정치와 비재무적 측정치를 함께 측정하여 조직의 성과를 평가하는 측정 관점만을 제시하였기 때문이 아니라, 성과평가를 통해 자신의 전략을 새롭게 수정할 수 있도록 전략적인 입장에서 상호관계를 규명하려고 했기 때문이다(Kaplan&Norton 1998; 성도경 외 2008 재인용). 따라서 BSC는 조직의 비전과 목표를 달성하기 위한 핵심적인 사항들을 종합적이고, 다각적으로 보여줌으로써 조직의 성과와 역량을 관리하는 데 용이한 성과관리 방법이라 할 수 있다(김용훈 외 2005).

Kaplan&Norton(1996)은 네 가지 관점에 중점을 두고 조직을 관리할 것을 강조한다. 네 가지 관점은 재무관점(financial perspective), 고객관점(customer perspective), 내부 업무프로세스 관점(internal business process perspective), 학습 및 성장 관점(learning and growth perspective)이며, 이에 대한 자세한 내용은 다음과 같다.

- '재무 관점'은 BSC의 다른 시각에서의 모든 측정지표를 망라하는 핵심지표이다. 재무관점에서의 성과지표들은 다른 관점과 관련된

성과지표들을 이용해서 실행한 전략이 향상된 결과를 낳는지를 알려 준다(Niven 2003, 45). 재무 관점에는 위험 평가나 비용-편익 분석 등이 요구된다.

- '고객 관점'에서는 고객이 관심이 있는 재화와 서비스 제공과 관련된 시간, 질, 비용 등을 측정한다.
- '내부 프로세스 관점'은 사업이 효율적으로 운영되고 고객의 욕구에 맞게 처리되고 있는지를 측정한다. 고객의 욕구를 충족시키는 것은 내부의 업무 처리 과정, 의사 결정과 활동으로 나타나게 된다.
- 지속적으로 변화하는 조직의 환경 속에서 제품이나 서비스 및 조직 내의 업무 처리 과정은 지속해서 개선되어야 한다. 조직의 변화에 대한 '학습'은 단순한 교육이 아닌 원활한 의사 전달, 위기에서 신속한 대응 등을 요구한다.

이전까지 민간부문에서 각광 받았던 BSC는 전략과의 연계가 잘 되어 있으며, 균형 잡힌 성과 측정과 관리가 가능하여 공공부문에 적합하다고 평가되었고, 이에 따라 공공부문 성과관리에 도입되기 시작하였다. 각 정부 부처는 BSC 도입을 추진하면서 BSC 성과지표 개발에 많은 노력을 기울였으며, BSC는 공공부문의 대표적인 성과평가 기법으로 자리 잡게 되었다. 그리고 BSC를 중심으로 각종 평가 제도를 통합하여 운영함으로써 성과를 객관적으로 관리하고 평가하는 분위기가 조성되기 시작하였다.

성과지표

집행의 효과성을 높이고 집행과정을 통제하기 위해서 성과지표(Performance Indicator)가 필수적이다. 성과지표는 정책을 수행하였을 때 이루고자 하는 목표인 성과목표의 달성도를 양적·질적으로 제시하는 지수를 말한다. 성과지표는 성과목표의 달성도를 어떻게 측정하고 측정결과를 어떻게 관리할 것인가에 대한 구체적인 방법을 알려주고, 조직과 조직의 구성원이 성과목표를 달성하기 위해 무엇을 어떻게 해야 하는지를 명확하게 알 수 있도록 도와준다.

성과지표의 특성은 다음과 같다(국무조정실 2006, 11-12).

첫째, 전략목표가 명확할 때 성과목표는 구조화되고, 구조화된 성과목표에 따라 성과지표도 구체화되어야 한다. 전략목표가 모호하게 설정되면 하위목표인 성과목표 또한 일관성 있게 구조화되기 어렵다. 실제 성과지표를 구체적으로 제시하지 못하는 경우는 성과목표, 나아가 전략목표가 명확하게 설정되지 못한 데 원인이 있다.

둘째, 성과지표는 전략목표와 성과목표의 내용을 대표하여야 한다. 따라서 전략목표와 성과목표에 대응되는 명확하고 적절한 성과지표가 설정되어야 한다. 특히, 정책이나 사업을 대표하지 못하고 달성이 용이한 지표를 설정할 경우 실제 성과에 기초한 관리가 어렵기 때문에 개발단계부터 정책의 대표성을 확보하는 것이 중요하다.

셋째, 성과지표는 성과목표 달성기준을 구체적, 체계적, 객관적으로 제시하여야 한다. 따라서 측정가능하고 계량화된 성과지표가 설정되어야만 평가자의 주관이 작용하지 않고 재평가를 실시하더라도 동일하거나 유사한 결과를 가져올 수 있다.

성과지표의 이러한 특성은 「정부업무평가 기본법」에 의해 각 중앙행정기관의 장이 작성해야 하는 중장기계획인 '성과관리전략계획'과 연도별 실행계획인 '성과관리시행계획'에 반영되어야 한다.

특히, 조직의 특성을 반영한 성과시스템을 설계할 때에 가장 중요한 요소는 성과지표로서 무엇을 이용할 것인가 하는 핵심성과지표(Key Performance Indicator: KPI)의 선정이다. KPI는 조직의 현재의 경영성과뿐만 아니라 미래의 가치를 증대시키기 위하여 관리하고자 하는 중요한 지표들을 말한다. KPI는 급변하는 환경 속에서 무엇을 관리하는 것이 핵심이며, 궁극적으로 조직의 전략과 비전을 달성할 수 있는 지표가 무엇인지에 초점을 맞추고 있다. 즉, 전략적 의사결정의 핵심적인 역할을 수행, 미래 예측을 가능하게 하는 정보를 제공한다.

KPI는 각각의 평가요소를 가장 잘 설명하는 소수의 핵심지표로서 해당 성과분야를 집중적으로 관리하는 데 유용한 도구이다. 따라서 KPI를 개발할 때에는 다음과 같은 원칙을 준수해야 한다(Mark 1996; 박명섭 외 2004; 김은희 2010, 6 재인용).

- 핵심성과지표는 적을수록 좋다.
- 사업의 핵심 성공 요인들과 연계되어야 한다.
- 설정된 관점 상에서 조직의 과거·현재·미래를 한눈에 바라볼 수 있는 지표이어야 한다.
- 고객, 주주와 기타 이해 관계자들의 욕구를 기반으로 하여 개발되어야 한다.
- 최고 경영자의 의지로 시작하여 조직의 모든 구성원들에게로 전파되어야 한다.
- 지표는 변경 가능해야 하고 환경과 전략이 변화함에 따라 재조정되어야 한다.
- 지표의 목표와 목적은 정확한 조사에 근거하여 설정되어야 한다.

KPI를 도출하는 전반적인 과정은 다음과 같다(행정안전부, IBS 2012, 55).
- 기관의 당해 연도 전략과제를 도출하여 기관 전략체계도를 구축한다.
- 기관 전략과제를 해당 팀에 배분하여 팀별 전략과제와 세부 추진과제를 도출한다.
- 팀별로 KPI Pool을 구성하고 팀별 KPI를 확정한다.
- 확정된 KPI에 대한 정의와 측정 기준, 목표 수준 등을 담은 KPI 템플릿을 작성하여 목표설정과 평가에 사용한다.

그림 13 KPI 도출 과정

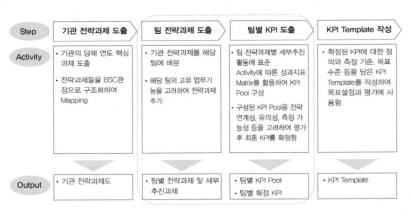

자료: 행정안전부, IBS 전략적 성과관리체계구축을 위한 진단 최종보고서(2012), 55면 수
정 인용.

KPI를 도출하는 과정 속에서 책임운영기관 운영 평가지침과 목표
치를 설정하는 방식은 [그림 14]와 같다.

그림 14 책임운영기관 운영 평가지침 및 목표치 설정방식

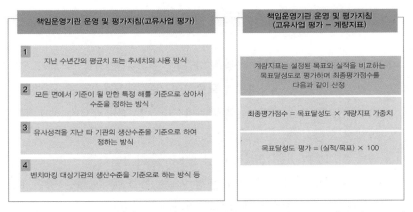

자료: 박홍윤 2014; 행정안전부, IBS 전략적 성과관리체계구축을 위한 진단 최종보고서
(2012), 60면.

또한 책임운영기관의 운영 평가방법은 [표 8]과 같다.

표 8 | 책임운영기관의 운영 평가방법

평가방법	평가방법 개요	적용대상
목표부여 (편차)	당해 연도 실적과 최저목표와의 차이를 최고목표와 최저목표의 차이로 나누어 측정하되, 최고·최저목표는 5년간 표준편차를 활용하여 설정	평가대상 실적치가 5년 이상 축적되고 신뢰할 만한 경우
목표부여	당해 연도 실적과 최저목표와의 차이를 최고목표와 최저목표의 차이로 나누어 측정하되, 최저목표와 최고목표는 기준치에 일정 비율을 감안하여 설정	평가대상 실적치가 5년 미만인 경우 또는 10년 이하 실적치가 있으나 신뢰하기 곤란한 경우
목표 대 실적	편람에 목표수치를 제시하고 그 달성여부를 평가	평가대상 실적치가 5년 미만인 경우
β분포	최상·최하·직전연도 실적치를 감안, 표준치와 표준편차를 구하고, 실적치가 표준치로부터 어떤 확률 범위 내에 있는지 평가	평가대상 실적치가 5년~10년 이하로 축적되고 신뢰할 만한 경우
추세치	회귀분석을 활용, 표준치와 표준편차를 구하고, 실적치가 표준치로부터 어떤 확률 범위 내에 있는지 평가	평가대상 실적치가 10년 이상 축적되고 신뢰할 수 있는 경우

자료: 행정안전부, 책임운영기관 평가지침(2021); 행정안전부, IBS 전략적 성과관리체계구축을 위한 진단 최종보고서(2012), 61면.

PDCA(계획–집행–점검평가–환류) 기법

PDCA란 미국의 품질관리학자인 Deming이 제안한 프로젝트 또는 업무처리 방식으로 데밍사이클(Deming Cycle)이라고도 한다. PDCA 기법은 지속적인 개선을 위한 가장 기본적인 프로세스 접근 모델이다. PDCA 기법은 BSC와 같은 성과 모형과 결합되어 공공부문에서 조직의 성과를 측정하고 피드백을 통해 개선하고자 하는 접근으로 활용되고 있다. 우리나라 공공부문의 성과관리도 계획(Plan), 실행(Do), 평가(Check), 환류(Act)로 이어지는 일련의 연쇄적인 활동들로 구성된다는 점에서 PDCA 관점을 제시하고 있다. 즉, PDCA 관점은 대한민국 공공부문 성과관리의 주요한 패러다임이라고 할 수 있다(국무조정실 2015, 1: 강소랑 외 2018, 9 재인용).

PDCA의 각 단계의 개념을 정리하면 다음과 같다(이인태, 최진용 2016, 147-148).

- Plan(계획): 프로젝트나 사업을 수행할 때 먼저 달성하고자 하는 목표를 설정하고 이를 실현할 수 있는 구체적인 계획을 수립한다.
- Do(실행): 프로세스 기반의 전략적 혁신을 실제적으로 프로세스에 적용하여 수행하는 단계로서 수립된 계획을 이행하는 과정에서 발생하는 변화가 있었는지를 파악하고, 문서화의 평가를 위한 자료를 체계적으로 수집한다.
- Check(평가): Do(실행) 단계에서 수행되는 프로세스 기반의 전략적 혁신과정을 모니터링하여, 혁신 과정이 Plan(계획) 단계에서 수립된 전략과 긴밀히 연계되어 수행되고 있는가를 평가하고 분석하여. 계획 단계에서 설정된 목표와 실행된 결과의 차이를 확인하고 실행 단계에서 수집된 자료에 대한 평가를 실시한다.
- Act(환류): Check(평가) 단계에서의 평가 및 분석을 통하여 혁신에 대한 표준화 또는 피드백을 도출한다. 수행 결과가 성공적이라면 새로운 방법을 표준화하고 새로운 방법과 결과가 성공적이지 못하다면 계획을 수정한다. 이때 프로세스를 재검토하여 수행이 어려울 경우 계획을 중단하거나 새로운 계획을 수립할 때 반영하는 활동 등을 수행한다.

즉, PDCA(계획-집행-평가·점검-환류) 기법은 일을 처리하는 목적이 무엇인지, 그리고 달성하고자 하는 목표가 무엇인지를 명확하게 할수 있고, 실행과정에서 목표가 제대로 달성되어가고 있는지 중간중간 점검하여 문제가 있어 목표달성이 제대로 되지 않고 있으면 필요한 조치를 취해 애초에 계획했던 목표를 달성하고, 또 다음 계획에는 이러한 내용들을 반영하여 업무처리절차를 한 단계 향상시킬 수 있게한다.

▶ **전략적 기획은 조직이 생존과 발전을 위해 현 상황을 파악하고 무엇을 해야 하며 그것을 왜 해야 하는지에 대한 질문에 답을 하고 구체적인 계획을 세우는 것을 말함**
- 전략적 기획은 전략적 방향을 제시하고, 우선순위에 의한 자원 활용의 지침을 제공하고, 운영 기준을 설정하며, 환경의 불확실성과 변화를 극복할 수 있게 하며, 통제와 평가를 위한 객관적인 기준을 제공함
- 공공부문의 성과와 효과성을 높이기 위하여 전략적 기획의 중요성과 필요성이 강조되고 있음

▶ **전략계획의 수립과 관리기법은 환경분석방법, 전략계획 체계, 전략형성 기법, 기획의 집행 및 평가로 나누어 살펴봄**
- 환경분석 방법으로는 대회환경분석, 내부역량분석, 이해관계자 분석, 미래예측 기법 등이 있음
- 전략계획 체계는 비전체계를 수립하고 전략목표를 설정함
- 전략형성 기법으로는 일반적으로 SWOT 매트릭스 분석과 갭 분석이 사용됨
- 실행계획을 수립하는 방법으로는 체크리스트법, 비용편익효과 · 분석, 균형성과표, PDCA기법 등이 있음

오늘의 대한민국, 공공부문의 지향점

20세기 말까지 전 세계는 글로벌한 무한경쟁체제 안에서 어떻게 기업과 공공조직들이 효율적·생산적으로 운영될 수 있으며, 경제적 편익을 창출할 수 있는지에 몰두해 왔다. 그러나 오늘날 우리는 전 세계가 직면한 경제·사회·환경 위기 안에서 효율성, 경쟁력 지상주의의 가치관이 여전히 유효한지에 대한 근본적인 질문을 던지게 되었다. 이 과정에서 지속가능한 발전, 포용경제, 사회적 책임과 같은 개념들이 어느새 세계인의 일상에 자연스럽게 스며들게 되었다.

　우리나라에서도 '사회적 책임', '공유가치', '지속가능한 경영' 등의 공생과 협력 기반의 경영원칙들이 강력하게 부상하고 있다. 국제사회의 패러다임 전환과 결을 같이하며 2017년 출범한 문재인정부도 국정운영의 핵심기조로서 '사회적 가치 중심의 정부혁신'을 강조하고 있다.

01 공공부문, 새로운 가치를 찾아서

본 장에서는 공공부문이 사회적 가치를 추구한다는 것은 무엇을 의미하며, 왜 이러한 논의가 현재 우리사회의 화두로 등장하게 되었는지에 대해 간략하게 논의하고자 한다. 또한 이론적·개념적 고찰뿐 아니라 전 세계적으로 사회적 가치의 개념과 유사한 방향을 추구하는 주요 경영패러다임 혹은 이니셔티브들을 함께 검토하도록 한다. 특히 최근 전 세계 기업, 기관들이 주목하고 있는 'ESG 경영혁신'을 중심으로 우리나라의 사회적 가치 개념과 유사한 유엔글로벌컴팩트, ISO 26000 표준 등의 국제적 이니셔티브를 논의하도록 한다.

1. 공공부문이 추구해야 할 사회적 가치

1) 사회적 가치의 개념적 논의

(1) 모호하고 상대적인 사회적 가치?

사회적 가치의 개념을 명확히 정의하거나 규정하는 것은 쉽지 않은 일이며, 사실상 과학적인 방법으로 전 세계 어디서나 통용될 수 있는 방식으로 사회적 가치 개념을 정의하는 것은 불가능한 일이라 할 수 있다. 윤태범 외(2017, 11; 박정윤·최현선 2020 재인용)는 Walzer의 가치이론(theory of goods)을 토대로 사회적 가치의 개념을 공동체에 의해 부여되고 공유되며, 사회에 의해서 의미가 부여되는 것으로 포괄적으로 정의하였다. 여기에는 물질적 요소(재산, 소득 등)도 포함되지만, 규범과 제도, 삶의 질 등 비물질적, 정서적 요소들도 폭넓게 포함된다(공공기관연구센터 2019). 한편 '사회적(social)'이라는 용어와 '가치(value)'라는 용어는 일상에서 시대, 지역, 사회적 문화 등의 상황에 따라 여러 가지 방식으로 사용되고 있다. 이처럼 이미 보편적·상대적으로 통용되는 용어들을 결합한 '사회적 가치'의 개념 또한 사용자의 상황이나 필요에 따라 가변적으로 정의될 수밖에 없다(박정윤·최현선 2020).

기본적으로 사회적 가치는 사회공동체 전체가 의미를 부여하고 공유, 추구하는 가치로 이해될 수 있으며(윤태범 외 2017), 김현희, 박광동(2018; 공공기관 사회적 협의체 2019 재인용)은 일정한 사회 또는 집단에서 중요, 타당하다고 공유되고 있거나 지향하는 가치를 사회적 가치라 정의하였다. 당연히 이러한 가치관은 시대, 지역, 환경, 문화 등 맥락적 요인에 따라 달라질 수밖에 없기 때문에, 사회적 가치를 규정하는 관점 또한 우리가 살아가는 사회의 특성에 따라 '상대적', '주관적'으로 해석될 수 있다. 그러므로 현대 사회에서 사회적 가치를 실현하고자 하는 행위자들은 자신들이 속한 사회가 무엇을 보편적으로 중요하게 여기는가를 이해해야 할 필요가 있다는 것이다.

이처럼 상대적이고 다소 추상적이기까지 한 '사회적 가치' 개념을 일선 현장에서 각각의 공공조직이 운영하는 사업계획이나 성과평가 과정에 바로 적용하는 것은 매우 어려운 일이다. 이러한 현실을 감안할 때 공공부문의 '사회적 가치'를 논의하는 과정에서, 지나치게 철학적·학술적 논의나 시대를 초월하는 보편적 정의를 찾으려는 노력 등은 지양할 필요가 있다. 사실 학문적 관점에서 공공부문의 사회적 가치는 "새로운 개념이라기보다 그동안 정부가 해 오던 일 그리고 '공공성', '공적 가치'라는 용어로 사용되어 온 가치와 동일한 의미를 지닌

것"으로 이해할 수 있다(박순애 외 2017, 49).

그러므로 본 저서에서도 복잡하고 형이상학적인 개념 정의보다는 오늘의 우리 사회가 추구하고 소중히 여겨야 할 가치요소는 무엇이며, 이를 실현하기 위해 공공부문의 역할과 기능은 무엇인지를 실천적으로 논의하고자 한다.

(2) 세계적 공통 이슈로서 사회적 가치 개념

우리 사회는 현재 '사회적 가치'에 깊은 관심을 보이고 있으며, 최근 정부혁신의 근간을 이루는 개념으로도 사회적 가치가 대두되고 있다. 물론 이는 2017년 출범한 문재인정부의 국정운영방향에서 사회적 가치의 개념이 부각되었기 때문이기도 하다. 한편 실제 문재인정부의 사회적 가치 개념을 구성하는 요소들은 해당 정권에서만 강조되는 특수한 내용은 아니며, 오히려 오늘날 글로벌 사회에서 화두로 등장하는 가치요소들과 유사성이 매우 높은 편이라 할 수 있다.

최근 전 세계 정부와 기업들이 주목하고 있는 ESG 경영혁신, 20세기 말부터 지금까지 국제사회의 최우선 이슈인 환경 지속가능성, 이미 보편화된 경영전략으로 인정받고 있는 '기업의 사회적 책임(Corporate Social Reponsibility: CSR)' 등의 개념과 우리나라 공공부문의 화두인 '사회적 가치'는 모두 유사한 방향성과 목표를 제시하고 있는 것이다.

기후변화 및 환경오염 문제가 사회적 위기로 부상하면서 사회적 가치에 '환경요소'가 높은 우선순위를 차지하게 되었고, 경제적으로 '양극화, 불평등, 불공정'의 문제가 공동체의 지속가능한 발전과 결속을 위협하고 있기 때문에 '공정경제', '포용경제', '상생' 등의 사회적 가치 요소가 더 큰 의미를 갖게 되었다.

2) 공공부문의 경영패러다임 전환

원래 공적인 임무에 따라 운영되는 공공부문에서 구태여 새롭게 공공성과 공적 가치를 강조하게 된 이유는 무엇인가? 이는 한동안 전 세계 공공부문 경영패러다임에 지대한 영향을 미쳤던 '신자유주의', '신공공관리론'의 한계 혹은 부작용에서 그 원인을 찾아볼 수 있다. 우리나라뿐 아니라 세계 각국의 공공행정 영역에서 지배적 위상을 차지하던 신공공관리론적 정부경영방식은 공공부문의 재무관리나 생산성 측면에서 효율성을 제고하는 데 유용한 측면도 있었지만, 예기치 못한 한계점도 부각시키고 말았다.

사회적 가치 개념의 극적인 부각은 무엇보다 이러한 신공공관리론적 공공부문경영의 문제점을 개선하고 더 나은 공익적 가치를 추구하고자 하는 시대의 열망이 반영된 결과라 할 수 있다.

(1) 신공공관리론과 효율성 중심의 가치관

1970년대 서구유럽국가들을 중심으로 과도한 복지지출, 거대한 정부조직으로 인해 재정적 위기가 발생하였고, 관료제의 비효율성에 대한 비판이 빠르게 확대되었다. 비대하고 경직된 공공부문이 '정부의 실패'라는 위기를 낳았고, 1980년대부터 "민간부문에서 활용되는 사고방식과 유용한 기업관행을 채택함으로써 공공관리를 개선[13]"하자는 신공공관리론(New Public Management: NPM)이 등장하였다. 효율성, 비용절감 등의 가치에 우선순위를 둔 NPM은 빠르게 공공부문 경영의 혁신패러다임으로 부각되기 시작하였다. 신공공관리론은 한마디로 '정부 구성과 운영에서의 효율성을 극대화'하기 위해 '중앙정부의 간

---

13 한국행정학회, https://www.kapa21.or.kr/epadic/epadic_view.php?num=266&page=29&term_
cate=&term_word=&term_key=&term_auth=, 2021년 05월 21일 검색.

섭과 개입을 최소화하고 국가재정을 알뜰하게 운영하는 작은 정부'을 선호하는 국정운영방식을 의미한다(한국행정연구원, 2018: 76).

신공공관리론의 영향 아래 각국 정부는 공공부문 조직들을 민간 기업처럼 '투입-산출'을 효율적으로 관리하여 '생산성' 극대화를 위해 노력하기 시작하였다. 특히 민간기업 특유의 경쟁원리와 성과지향적 가치관이 그 어느 때보다 강조되었으며, 민영화, 민간위탁, 분권화를 통해 공공부문의 기능들이 앞다투어 민간, 제3섹터로 이관되었다. 민간위탁, 민영화는 국가재정을 효율적으로 운영하는 데 유리하였다.

신공공관리론의 영향 아래 미국은 「정부성과와 결과에 관한 법률 (Government Performance and Results Act: GPRA)」을, 영국은 「공공서비스협약제도(Public Service Agreement)」를, 프랑스는 재정성과통합관리법 (Loi Organique relative aux Lois des Finances)」을 각기 도입하였다(박순애 외 2017, 10).

우리나라에서 신공공관리론에 입각한 성과관리가 가장 철저하게 이루어지는 공공부문 조직으로 공공기관을 들 수 있다. 기획재정부의 공공기관 경영실적평가를 통해 우리나라 공공기관들은 기관별로 매년 어떠한 자원을 투입하였고, 이를 어떻게 전략적으로 경영하였으며 미리 설정된 목표 대비 어느 정도의 성과가 창출되었는지를 상세하게 평가받고 있다.

한편 2008년 글로벌 금융위기 이후 경제적으로는 신자유주의, 행정적으로는 신공공관리론 패러다임에 대한 문제인식이 사회적으로 확산되게 된다. 또한 기후위기와 환경파괴에 대한 우려가 세계적 이슈로 급부상하면서 기업의 이윤창출 과정에서 파괴되는 환경에 대한 논란도 크게 불거지기 시작하였다. 결국 경제적 가치와 경쟁력 위주의 기존 패러다임이 양극화와 불평등, 환경파괴, 소외, 파괴적인 무한경쟁 등의 문제를 더 악화한다는 비판을 피하지 못하게 된 것이다.

이러한 비판의식은 공공부문으로 확대될 수밖에 없었다. 공공가치와 공익을 창출하기 위해 존재하는 공공부문마저 어느새 민간기업처럼 운영되며 국민의 목소리, 사회의 고통과 위기를 돌아보지 않은 채 성과지상주의에 매몰되었다는 비판적 시각이 확산되기 시작했던 것이다. 비용효율 때문에 과도하게 비정규직 채용을 남용하기도 하고, 공공서비스가 민영화되면서 취약계층이 공공서비스에서 소외되기도 하며, 위험한 업무는 당연하다는 듯이 외주화되는 등, 공공의 업무과정에서도 사회공동체 전체를 위한 공적 가치보다 효율성, 경제성이 우선시되고 말았다.

(2) 신공공관리론에서 사회적 가치로

공공부문의 사회적 가치, 혹은 유사한 가치지향적 패러다임이 확산되기 전부터 이미 민간기업의 영역에서 기업의 사회적 책임(Corporate Social Responsibility: CSR)의 중요성이 강조되기 시작하였다. 이러한 변화는 전 세계를 위협하는 환경위기(기후변화, 자원고갈, 오염 등)와 양극화·불평등과 같은 경제사회적 이슈와 함께 연계되기 시작하였고, CSR의 기준과 방법론, 평가방법 등이 빠르게 발전되기 시작하였다. 이후 상술할 국제표준화기구의 사회적 책임 표준인 ISO 26000, 유엔 세계협약(UN Global Compact: UNGC), 2003년 G8 정상회를 토대로 구축된 지속가능경영보고서(Global Reporting Initiative: GRI) 등이 대표적 사례라 할 수 있다(김태영 외 2019, 35).

결국 21세기 초부터 빠르게 발전해 온 사회적 책임 개념의 표준화 및 체계화는 먼저 '민간기업 CSR'의 관점에서 진행되었으며, 각국의 공공부문 기관(정부 조직 및 공기업)들은 이와 같은 기준들을 뒤늦게 도입·적용하고 있는 상황이다.

일반적으로 공공부문 조직들은 자신들의 모든 업무가 본질적으로

'공공'과 '사회'를 위한 활동이므로 비리·부패·방만경영 등의 명백한 문제를 일으키지 않고 주어진 임무를 효율적으로 처리한다면 더이상의 사회적 책임은 필요하지 않는 것으로 생각하는 경향이 있었다. 게다가 '작은 정부', '효율성 위주'의 신공공관리론이 공공경영의 지배적 패러다임으로 자리 잡게 된 상황에서 정부 차원의 사회적 책임(Government Social Responsibility: GSR)과 같은 의제는 쉽게 도입되기 어려웠다(김태영 외 2017). 그러나 공공복지의 규모가 확대되고 공공서비스가 점차 고도화되면서 정부조직들의 인력, 예산, 사회적 영향력이 점차 확대될 뿐 아니라 복잡화되었다. 어느새 '작은 정부'는 '작은 상태'로 머물 수 있는 상황이 아니게 된 것이다. 또한 시민의 민주의식도 높아졌고, 공적영역에 대한 요구와 감시수준이 높아졌다.

이러한 상황에서 정부의 사회적 책임과 사회적 가치 창출이라는 목표는 새로운 관점에서 재해석되기 시작하였다. 무엇보다 공공부문이 기계적으로 제도를 준수하고 국가가 결정한 정책사업을 처리하는 것만으로 국민이 만족할 수 없다는 인식이 확대된 것이다. 정부는 사회적으로 중요한 가치를 분배하는 과정을 공정하고 형평성있게 운영하고, 정부가 관여할 수 있는 수준을 명확하게 규정하여 시민사회와 민간의 역량을 존중하는 동시에 든든한 조력자의 역할을 담당해야 하는 것이다. 특히 정부의 관점에서 국민이 기대할 수 있는 사회적 가치 실현영역은 공공구매와 공공서비스, 사회적 책임과 사회공헌, 사회적 경제, 사회혁신, 시민역능성 강화 등의 영역이 있다(박명규·이재열, 2018). 이는 정부가 사회적으로 책임져야 할 '사회적 가치 생태계'의 범위라고도 할 수 있다(공공기관사회적가치협의체 2019).

(3) 공공부문의 사회적 가치 3대 요소

그렇다면 정부조직은 어떠한 기준이나 원칙 아래서 사회적 가치 생태계를 조성하고 가치분배과정을 형평성 있게 운영할 수 있는가? 이러한 문제제기 과정에서 중요시되는 개념요소가 바로 '공공성', '공익성', '공동체성'이며 이는 현재 우리나라 공공부문에서 추구하는 사회적 가치의 기본 요소로 주목받고 있다.

2010년대 중반부터 '사회적 가치'에 대한 우리나라 학계의 관심이 고조되기 시작하였고, 정부의 국정신뢰도 및 공공가치, 공동체와 사회적 자본, 민간의 공유가치창출(CSV) 등이 사회적 가치 연구의 키워드로 등장하게 되었다(박정윤·최현선 2020). 특히 원자화된 현대 사회는 무한경쟁과 각자도생의 위기를 극복하기 위한 행동규범과 기준을 갈망하게 되면서 사회적 가치의 중요성과 이를 구성하는 요소로서 포용과 연대, 형평성, 공정성, 지속가능성, 공공성 등의 가치를 재조명하게 되었다. 이러한 가치요소들을 포괄하는 개념으로 '사회적 가치'의 개념이 등장하게 것이다(김현희·박광동 2018; 공공기관사회적가치협의체 2019). 우리나라에서 점차 사회적 가치가 "공공의 이익과 공동체의 발전에 기여할 수 있는 가치(김태영 외 2019)"로 이해되면서, '공공'과 '공동체'의 개념이 매우 중요한 위상을 차지하게 된 것이다. 특히 공공부문의 관점에서는 '공공성'의 의미가 새롭게 부각되었고, 일반적인 사회구성원의 관점에서는 '공동체적인 포용가치'가 중요 개념요소로 강조되었다.

공공의 높은 가치추구와 공동체 발전에 대한 학술적 논의들은 결국 현대사회에서 약화되고 있는 '공공성', '공익성', '공동체성' 회복을 추구해야 한다는 범사회적 목표의식으로 수렴되었고 이는 오늘날 우리나라 공공부문에서 가장 보편적으로 강조하는 "사회적 가치의 3대 속성"으로 위상을 차지하게 되었다.

공공성

공공성(Publicness)은 일단 공공부문에게 부여된 본연의 사명이자 이를 수행하는 데 지켜야 할 원칙을 의미한다. 이는 개인이나 개별단체에 제한되지 않는 일반 사회 구성원 전체의 관점에서 공공부문이 임무를 수행해야 한다는 원칙을 의미하며, 인권존중처럼 보편적인 가치를 포함한다.

사회적 가치 중심의 공공부문 혁신은 국민들이 정부나 공공기관에게 요구하는 본질적 사명과 원칙을 회복하는 데서 시작한다는 것이다.

현실적으로 공적 영역에서 점차 "권리의 영역과 경쟁의 영역 사이에 균형이 무너지고 경쟁영역만 중요하게 여겨지는 가치의 쏠림 현상(김태영 외 2017, 30)"이 발생하면서 공공성보다 경쟁력 강화를 더 중요하게 여기게 되며 사회적 가치의 훼손이 빈번하게 일어나고 있는 것도 사실이다. 여기서 국민들은 "왜 시민의 세금으로 만들어진 정부가 본연의 임무에 충실치 않는가?"라는 질문을 던질 수밖에 없으며 이에 부응하기 위해 지켜야 할 정부의 원칙이 바로 공공성이다.

공익성

공익성(public interest, public utility)은 사회 다수의 행복추구를 우선시하는 태도 및 행동에서 창출된다. 공익이란 기업이 이윤을 추구하는 것과 같이 정부가 추구해야 하는 기본적인 목표이자 가치(김태영 외 2017, 72)인데, 공적부문에서 '효용성의 극대화' 관점에 치우쳐 단기적 이익과 성과달성에 치중하게 되면 과대한 경쟁에 시달리게 되어 부처 이기주의에 빠지기 쉽다. 국민들 입장에서는 이러한 정부의 행태를 보면서, "정부와 공공기관은 자신들의 부처를 위한 기관인가? 아니면 국민들을 위해 만들어진 기관인가?"라는 질문을 던질 수 있다. 정부는 이에 부응하여 부처나 기관의 유익보다 국민 전체가 누려야 할 유익을 고려해야 한다.

공동체성

현재 우리나라에서 추구하는 사회적 가치와 관련하여 가장 특별한 개념은 공동체성이라 할 수 있다. 오늘날 현대사회는 사회공동체가 해체되는 현상을 목도하고 있으며, 원자화, 각자도생의 비정한 경쟁 사회 위기를 맞이하고 있으며, 사회적 가치는 결국 사회공동체의 고통과 문제를 함께 극복하려는 의지(박명규·이재열 2018)에서 출발한다. 이러한 논의 안에서 사회적 가치의 근간을 이루는 '공동체'의 중요성을 재정립할 필요가 부각된 것이다.

공동체성은 공동체의 결속을 유지하기 위한 사회적 형평성을 의미하며, 이는 사회통합(social cohesion)과도 매우 밀접한 가치요소이다. 물론 사회라는 공동체는 단일하지 않고 매우 다양하고 같은 공동체 내에서도 이해관계나 가치관에 따라 극심한 갈등이 발생할 수 있다. 이러한 공동체 특성에서 파생하여 사회적 가치는 '유동성', '다양성', '상대성', '대응성(공동체 구성원들 사이에 발생하는 갈등에 대처하는 태도)', '공감성' 등의 가변적인 특성도 함께 가지고 있다(김태영 외 2017, 7).

공동체성은 또한 다양한 유형의 사회조직들(민간기업, 정부조직, 비영리단체 등)이 추진하는 계획, 서비스, 사업성과 등이 동일한 공동체 안에서 살아가는 다른 집단들의 가치를 어떻게 창조하거나 파괴하는지에 대해 '책임성'을 의미하기도 한다(한국행정학회 CSES 2019, 34).

표 9 사회적 가치 구성요소

사회가치 = ① 공공성 + ② 공익성 + ③ 공동체성(형평성)		
① 공공성 - 부처와 공공기관의 본래 임무	② 공익성 - 다수의 행복을 추구(부처의 이익이 아닌)	③ 공동체성(형평성) - 배려와 책임이 함께 하는 사회

자료: 최현선, 사회가치를 반영한 공공기관 평가제도 혁신, 한국조세재정연구원 참조.

공공성, 공익성, 공동체성의 요소를 종합하면, 결국 공공부문이 추구하는 사회적 가치의 방향성은 공공조직이 본연의 임무와 원칙에 충실하고, 국민 전체의 행복을 추구하며 배려와 책임 있는 공동체 중심 정책을 실현하는 데서 찾을 수 있다.

사회적 가치는 단기적 이익과 경제적 효율성만을 추구하는 현대사회에 대한 대안개념이며, '지속가능성(Sustainability)', '포용성(Inclusiveness)', '사회통합(Social Cohesion)' 등의 가치와도 일맥상통하는 개념이라 할 수 있다.

그림 15 사회적 가치의 개념구조

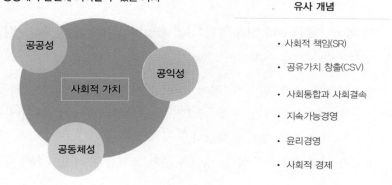

- 사회, 경제, 환경, 문화 등 모든 영역에서 공공의 이익과 공동체의 발전에 기여할 수 있는 가치

유사 개념

공공성

공익성

사회적 가치

공동체성

- 사회적 책임(SR)
- 공유가치 창출(CSV)
- 사회통합과 사회결속
- 지속가능경영
- 윤리경영
- 사회적 경제

한마디로 국민들은 무한경쟁사회보다 나누는 사회, 배려와 책임 있는 사회가 더 잘 사는 사회라는 상식이 통하는 나라를 희망하고 있다. 이러한 소망이 이루어질 수 있는 사회야말로 가장 최적의 사회적 가치 생태계가 구축된 사회라 할 수 있다.

3) 공공부문의 가치패러다임 전환 사례

공공부문의 조직들이 적극적으로 사회적 가치를 추구하기 위해서는, 가치실현 과정에 동기를 부여하고 더 용이하게 공적자원을 활용할 수 있도록 도와주는 법·제도적 여건 조성이 중요하다. 또한 국민사회와 공적 조직 구성원들의 인식전환을 위한 계기가 주어져야 한다. 후에 상술하겠지만 우리나라의 '적극행정' 추진, '공공기관의 사회적 가치 평가' 등은 정부기 법·제도적으로 사회적 가치 실현을 지원하기 위한 일종의 여건 조성 방안이라 할 수 있다. 이러한 시도는 우리나라의 전유물은 아니다. 영국의 경우 공공서비스 제공 및 공공조달 영역에서 정부의 사회적 가치 실현을 활성화하기 위해 제도적 여건을 개선하였다. 미국 연방정부는 시민사회와 협력하여 사회적 혁신을 창출하기 위해 새로운 조직을 설립하여 사회적 가치 실현사업을 추진한 바 있다.

(1) 영국 「공공서비스(사회가치)법」(Public Service Act, 일명 Social Value Act)

영국 의회는 2012년 3월 「공공서비스(사회가치)법」을 제정하였는데 이는 공공부문 혁신에 있어 전 세계적으로 '사회적 가치'란 표현이 크게 주목받기 시작한 계기가 되었다.

영국의 사회가치법에 의해, 공공부문의 조직들은 기관이 조달하는 서비스 계약과정에서 민간의 납품업체가 사회적 · 경제적 · 환경적 가치를 창출했는가를 심사기준으로 필수적으로 고려해야 한다(정종태 2018). 다시 말해 공공부문의 조직들은 자신들이 발주하는 사업과정에서 어떤 사회적 또는 환경적 부가가치가 지역공동체의 필요에 가장 적합할지, 공급자에게 어떤 혁신의 기회를 제공할 것인지에 대해 판단해야 하는 것이다.

예를 들어 공공발주기관이 비용 편익만 강조할 경우 무조건 최저가 입찰자를 선택하겠지만, 사회가치법에 의하면 지역사회 우수기업, 환경친화기업, 공정무역제품, 사회적 기업 등 장기적이고 공동체적 유익을 추구하는 우수조달업체를 선정할 수 있다는 것이다.[14]

이러한 관점을 통해, 공공기관이 본연의 임무를 수행하는 가운데, 효율성이나 경제성 등의 목표에 과몰입하여 잃어버릴 수 있는 공공성과 사회 공동체를 위한 공익성을 회복하는 것이 사회적 가치의 실현이라는 것을 알 수 있다.

(2) 미국 'SICP'의 사례

미국 연방정부는 2009년 민간 영역의 사회혁신투자를 확대하기 위해 백악관 내 사회혁신 및 시민참여처(Office of Social Innovation and Civic Participation: SICP)을 설치하여 참여를 통한 혁신을 추진하였다 (권구형 2014, 55; 김태영 외 2019 재인용[15]). SICP는 연방예산을 활용하여 시민단체의 역량과 효율성을 높이고, 이와 동시에 민관이 함께 창의적 · 혁신적 아이디어를 제안하여 사회문제 해결 및 일자리 창출에 기여할 수 있도록 민간부야의 사회적 투자 확대를 도모하고 있다(김태영

---

14 GOV.UK, www.gov.uk/government/publications/social-value-act-information-and-resources/
   social-value-act-information-and-resources, accessed June, 24, 2018.

15 김태영 외, 국가공무원인재개발원 기본교재 II, 사회적 가치 이해와 평가, 2019 참조.

외 2019, 93). 새로운 사회투자모델을 발굴하고자 설립된 SICP는 다음과 같은 4대 핵심전략을 통해 설립목표를 달성하고자 노력하고 있다(김태영 외 2019, 93).

- 시민의 연방 사회서비스 참여 기회 확대
- 지역사회와 연계한 취약계층(청소년) 대상 고용기회 확대 및 취업 능력 향상 프로그램 실시
- 시민단체에 대한 정보 공개를 통해 투명성과 책임성 확보
- 사회혁신펀드를 조성하여 비영리단체의 사회적 창의 프로그램에 투자

SICP는 Pay For Success(PFS) Fund라 불리는 사회혁신펀드를 조성해 비영리단체의 사회 지원 프로그램에 투자했다(정종태 2018). PFS 활용사례로 뉴욕의 재소자 직업훈련 사업이 유명한데, 출소자들의 고용률을 높여 재범률을 낮추고자 한 뉴욕시는 PFS 방식을 활용하여 비영리단체인 Social Finance US와 협력하여 40개 투자기관으로부터 1,350만 달러의 기금을 조성하여 5년간 2천 명의 재소자들을 대상으로 직업훈련을 실시하였고 사업성과에 따라 투자기관에 보상한 것이다(김태영 외 2019, 94).

2. 주요 글로벌 이니셔티브

현재 국제사회는 기업이나 공공부문 조직들이 도입할 수 있는 다양한 사회적 가치 기준이나 평가보고 방식들을 제시하고 있다. 전 세계적으로 공공 및 민간조직들은 이러한 국제기준을 토대로 자신들의 조직역량과 현황에 적합한 사회적 가치 목표와 평가기준을 수립

하고 있는 상황인 것이다. 본 장에서는 ISO 26000 표준, 유엔글로벌컴팩트(UN Global Compact: UNGC), GRI(Global Reporting Initiavtive) 등 오늘날 국제사회에서 보편적으로 알려진 기준, 강령, 혹은 평가 보고방식들을 검토하도록 한다. 또한 최근 세계적 주목을 받고 있는 ESG(Environment-Society-Governance) 경영혁신의 주요 내용들도 소개될 것이다. 이들은 최근 우리나라 공공기관들도 적극적으로 기관 전략체계 및 사업운영계획에 반영하고 있는 경영전략기준이라 할 수 있으며, 정부의 '사회적 가치' 실현목표를 국제적 수준으로 표준화하기 위한 대표적 가이드라인으로 부상하고 있다.

1) 지속가능경영을 위한 국제연합 이니셔티브: 유엔 글로벌 컴팩트(UNGC)

(1) 개요[16]

UNGC는 1999년 유엔 전 사무총장 코피 아난이 세계경제포럼(World Economic Forum: WEF)을 통해 사회윤리와 국제환경개선을 목표로 유엔기구들과 기업들의 협조 아래 발의[17]한 이니셔티브이며, 가장 선도적으로 제시한 기업 '지속가능경영' 원칙 중 하나라 할 수 있다. 현재 민간기업뿐 아니라 전 세계 공기업 등의 공적부문 조직들도 적극 UGGC에 가입하고 있다. UNGC에 가입한 회원 기관들은 지속가능하고 사회책임을 이행할 수 있도록 조직 운영정책을 개선하고 이러한 변화의 성과를 국제기구에 보고하고 있다.

UNGC는 인권, 노동, 환경, 반부패의 4대 분야에 대하여 세계 민

---

16 UN Global compact Network korea(http://unglobalcompact.kr/)를 참조하여 작성하였다.

17 UN Global compact Network korea(주 16)를 참조하여 작성하였다.

간·공공조직들의 경영관행에 적용되어야 할 10대 원칙을 제시하고 있다. 10대 원칙은 UN의 지속가능발전목표(Sustainable Development Goals: SDGs) 등 UN의 지속가능성에 관련된 아젠다와 긴밀하게 연계되어 있으며, 세계인권선언, 노동에서의 기본원칙에 관한 ILO 선언, 환경과 개발에 관한 리우 선언, 국제연합 부패방지협약 등 세계적인 협약에서 유래하였다. 구체적 내용은 다음과 같다.

| 표 10 | **유엔 글로벌콤팩트 10대 원칙**

4대영역	10대 원칙
인권	기업은 국제적으로 선언된 인권 보호를 지지하고 존중해야 하고, 기업은 인권 침해에 연루되지 않도록 적극 노력한다.
노동	기업은 결사의 자유와 단체교섭권의 실질적인 안정을 지지하고, 모든 형태의 강제노동을 배제하며, 아동노동을 효율적으로 철폐하고, 고용 및 업무에서 차별을 철폐한다.
환경	기업은 환경문제에 대한 예방적 접근을 지지하고, 환경적 책임을 증진하는 조치를 수행하며, 환경친화적 기술의 개발과 확산을 촉진한다.
반부패	기업은 부당취득 및 뇌물 등을 포함하는 모든 형태의 부패에 반대한다.

자료: UN Global compact Network korea 홈페이지 참조.

(2) 회원기업의 활동내용 및 현황

2000년대 중반부터 세계적으로 윤리경영, 환경경영 등 사회적 책임에 대한 기업들의 관심이 점차 높아지면서 UNGC에 가입하는 기업들의 수가 크게 늘기 시작하였다(김도형·차경천 2016). 2017년 상반기 기준 전 세계적으로 약 162개 국가에서 총 9,531개의 기업이 UNGC

에 가입하였으며, 연간 약 47,121개 이상의 관련 보고서가 매년 산출되고 있다.[18] 또한 2021년 4월 기준 우리나라 참여회원기업은 257개로 집계되며 중소기업, 대기업, 중앙 공공기관, 지방공기업, 학회 등 다양한 민관 영리·비영리조직들이 참여하고 있다.[19]

가입을 위해서는 기업의 대표가 UNGC에 가입의지를 표명한 서신을 보낸 뒤 일련의 심사과정을 거쳐 UNGC 가입이 결정되며, 회원기업은 의무적으로 UNGC 10대 원칙에 대한 해당기업의 이행 및 참여에 대해 이행보고서인 COP(Communication on Progress, 이하 COP) 또는 참여보고서인 COE(Communication on engagement, 이하 COE) 형태의 보고서를 제출해야 한다(김도형·차경천 2016).

COP은 영리회원들이 작성하는 보고서 유형이며 COE는 비영리회원들을 위한 유형인데, 공통적으로 다음과 같은 내용을 중심으로 작성되어야 한다.[20]

- UNGC 목적과 원칙에 대한 계속적인 지지의사를 표명한 기관 대표의 선언문
- 실질적 활동성과: 10대 원칙을 수행하기 위한 기관의 실질적인 활동 내용
- 결과 측정: 모든 활동은 구체적인 사업목표와 성과지수에 따라 관리되어야 함

UN 사무총장, 유엔인권고등판무관실, 국제노동기구, 유엔환경계획, 유엔개발계획, 유엔국제협력기금 등 여러 UN 산하기관들 협조하

---

18 UN Global compact Network korea, http://unglobalcompact.kr/our-work/gc-news/?mod=document&uid=1211, 2021.05.21 검색.

19 UN Global compact Network, http://unglobalcompact.kr/membership/member/, 2021.05.21 검색.

20 UN Global compact Network, http://unglobalcompact.kr/cop-coe/coe/, 2021.05.21 검색.

여 운영되는 UNGC는, 기업의 자발적 참여를 유도하기 위해 최소화된 절차 및 비관료주의적 구조로 운영되며 개방적인 참여방식을 근간으로 워크숍, 토론 및 학습의 장을 제공하고 있다. 가입 기업이 매년 제출해야 하는 보고서를 2년 이상 제출하지 못하면 비소통(non-communication)상태로 분류하여 강제 제명조치를 당하게 된다.

2) Global Reporting Initiative

(1) 개요

Global Reporting Initiative(GRI)는 1997년 미국 NGO인 CERES와 UNDP 등의 주도로 설립된 기구로 2000년부터 지속가능경영 가이드라인을 제시하고 있다. 경제, 환경, 사회 등 지속가능경영성과를 보고하기 위해 기업이나 비영리조직, 공공조직들이 일반적으로 활용할 수 있게 제작되었다(윤태범 외, 2017). 우리나라에서 '지속가능경영보고서'로 불리고 있는 GRI는 조직의 지속가능경영 성과를 대내외적으로 보고하는 방법을 제시하는 일종의 가이드라인이라 할 수 있다.

GRI 가이드라인은 조직의 규모, 산업, 장소에 관계없이 조직이 지속가능성보고서를 작성하는 데 참고 가능한 보고원칙, 표준공개, 이행매뉴얼을 제공하며, 참여기업이 경제적, 환경적, 사회적 측면(지속가능성 개념의 3대 요소)들에 대한 보고를 자발적으로 할 수 있도록 유도하는 데 목적을 둔다.[21]

(2) 주요 내용

GRI 가이드라인은 크게 보고원칙 및 표준공개, 이행매뉴얼 등 2개

---

21 지속가능저널. http://www.sjournal.kr/news/articleView.html?idxno=231, 2021.05.21 검색.

의 파트로 구성된다(한국콘텐츠진흥원 2019, 104).

- 제1부(보고원칙 및 표준공개): 가이드라인에 '부합'하는 지속가능성 보고서를 작성하기 위한 보고원칙, 표준공개, 그리고 기준으로 구성되어 있으며, 핵심 용어에 대한 정의를 포함함
- 제2부(이행매뉴얼): 보고원칙 적용방법, 공개정보 준비방법, 그리고 가이드라인에서 사용되는 다양한 개념 해석방법으로 구성되어 있음. 또한 다른 참조자료, 용어집, 그리고 보고서에 관한 일반 사항을 포함함

공공기관과 더불어 민간 기업까지 사회적 책임이 중요해짐에 따라 매년 지속가능경영 보고서를 발간하고 있으며, 원자력 분야에서는 한국수력원자력이 2009, 2011, 2015, 2017년 5회 발간한 바 있다(한국콘텐츠진흥원 2019, 104). 한편 매우 방대한 GRI 보고서 작성과정은 상당한 비용이 소요되므로 상당히 큰 공기업, 대기업 중심으로 GRI 보고서가 발간되고 있는 상황이다.

3) 사회적 책임의 국제표준: ISO 26000

(1) 개요

국제표준화기구의 '사회적 책임 국제표준'이라 할 수 있는 ISO 26000이 발표되기 이전에도 사회적 책임에 관한 원칙 선언(UNGC)과 지속가능경영보고서(Global Reporting Initiative: GRI)와 같은 사회적 책임 관련 원칙들이 제시된 상태이지만, 이들을 통합하고 체계화할 기준은 미흡한 수준이었다. 국제표준화기구(Interntational Standardization Organization: ISO)는 2010년 11월 1일 ISO 26000을 발표하였고 이는 규모, 업종, 소재지와 무관하게 공공 및 민간분야의 모든 형태의 조

직들에게 적용되는 사회적 책임에 관한 최초의 국제표준이다(곽채기·오영규 2013).

ISO 26000에 의하면 사회적 책임의 개념을 '투명하고 윤리적 행태를 통해, 사회와 환경에 관한 결정과 활동의 영향에 대한 조직의 책임'으로 정의하고 있으며(한국행정학회 2019, 104), 조직 거버넌스, 인권, 노동관행, 환경, 공정 운영 관행, 소비자 이슈, 커뮤니티 참여 및 개발 등 7대 핵심 주제와 37개 평가영역으로 구성된다(곽채기·오영규 2013).

| 표 11 | ISO 26000 지침의 개요

7대 핵심주제	37개 주요 평가영역
조직 거버넌스	의사결정 프로세스 구조, 투명성, 참여보장의 포용성 등
인권	실사, 인권위험상황, 공모회피, 고충해결, 차별 및 취약집단, 시민적·정치적 권리, 경제·사회·문화적 권리, 직장에서의 기본권
노동관행	고용 및 고용관계, 근로조건 및 사회적 보호, 사회적 대화, 직장에서의 보건 및 안전, 인재개발 및 교육
환경	오염방지, 지속가능한 자원 사용, 기후변화 완화 및 적용, 환경보호·생물다양성·자연서식지 보호
공정 운영 관행	부패방지, 책임 있는 정치 참여, 공정 경쟁, 가치사슬에서의 사회적 책임. 재산권 존중
소비자 이슈	공정마케팅·정보 및 거래 관행, 소비자의 보건 및 안전 보호, 지속가능한 소비, 서비스·지원 불만, 갈등 해결
커뮤니티 참여 및 개발	커뮤니티 참여, 교육과 문화, 고용창출과 기량 개발, 기술 개발 및 접근, 부와 소득 창출, 보건, 사회적 투자

자료: 한국행정학회, 사회적가치와 공공가치에 관한 연구(2019) 참조.

ISO 26000을 수립하기 위해 소비자, 정부, 기업, 노동, NGO 및 기타 서비스 · 지원 · 연구기관이라는 6대 이해관계자 대표 전문가들이 모여 사회적 책임의 기본원칙과 관련 핵심주제와 쟁점에 대한 지침, 그리고 이를 조직 내에 통합하는 방법에 대한 지침을 작성하였다(한국행정학회 2019, 106). 특히 이미 세계적으로 확산된 원칙 및 권고들(세계인권선언, ILO협약, 기후변화협약, OECD 소비자분쟁해결권고 등)의 주요 내용을 통합하는 국제 사회 이행지침으로 제시되었다(박명규 2018, 22).

(2) 주요 내용 및 활용

ISO 26000은 원래 기업의 사회적 책임(CSR)에 관한 국제표준으로 구상되었으나 ISO 소비자정책위원회는 그 범위를 확장하여 기업뿐 아니라 정부, 기업, 노동계, 소비자, NGO 등 다양한 이해관계자 집단에 적용되는 통합적 사회적 책임(SR) 지침으로 개발하였다(김형욱 2010, 236-237).

지침의 내용은 핵심주제 각 쟁점별로 쟁점해설, 관련 활동과 기대 순으로 서술되며, 권고(should)나 고려(consider) 형식으로 기술되며, ISO 26000은 제3자 인증을 필요로 하는 경영시스템 표준이 아니라 자발성, 법 이상의 준수 노력, 이해관계자 중시, 자발적인 프로세스 개선을 지향하는 지침 성격의 표준이라 할 수 있다.

특히 우리나라에서는 ISO 26000 지침을 토대로 작성된 자가진단용 체크리스트가 매우 높은 관심을 받으며 민간 및 공공조직에서 사용되고 있다.

그림 16   한국표준협회 ISO 26000 진단 체크리스트

자료: 한국표준협회, ISO 26000 진단체크리스트 참조.

이는 한국표준협회와 한국기술표준원이 ISO26000 이행 수준을 진단하기 위한 개발한 체크리스트인데, 광범위한 유형의 조직이 사용할 수 있는 범용 체크리스트로서 다음과 같은 내용으로 구성된다.

- 사회적 책임(가치) 실행 프로세스와 성과를 구분하여 진단
- 8단계 프로세스진단: 인식, 이해관계자 파악, 이슈분석, 우선순위와 전략, 실행과정, 의사소통, 검증, 개선
- 7대 핵심주체 별 성과진단: 거버넌스, 인권, 노동, 생태환경, 공정운영, 소비자 보호, 지역사회 참여 및 발전

4) ESG 경영혁신[22]

오늘날 ESG(Environment, Social, Governance: 환경, 사회, 지배구조)는 기업 투자를 위한 중요한 지표 중 하나로, 최근 'ESG 열풍'이라 불릴 정도로 전 세계적 화두로 부상하고 있다. 투자 결정 과정에서 재무적 요소뿐 아니라 환경, 사회, 거버넌스(지배구조) 등의 비재무적 요소를 고려하는 ESG 투자 개념이 확산되면서, 기업들은 투자매력도를 높이기 위해 그리고 ESG 경영역량 관점에서 높은 평가를 받기 위해 고군분투하고 있다.

(1) ESG의 개념과 현황

ESG 경영은 기업이 사회적 책임과 이익 추구를 모두 놓치지 않겠다는 의지 표명에서 출발하였고 '지속가능한 조직경영을 위한 혁신방향'으로 이해할 수 있다.[23] 원래 ESG 경영은 투자자들이 투자대상 기업을 결정할 때 주류, 담배, 무기제조 등 특정산업을 투자에서 배제하자는 윤리적·종교적 동기에서 출발하였으며 이후 기후위기, 기업 부패, 인권문제 등의 이슈가 포함되면서 현재의 ESG 경영체계로

---

22 본 저서에서는 ESG 경영에 대한 개요 및 최근 주요 이슈를 개략적으로 소개하고자 하며, 공공 영역에서 실질적인 적용이슈는 〈행정기획론: 심화 및 사례편〉에서 더 상세하게 전개하고자 한다.

23 SKhynix newsroom, https://news.skhynix.co.kr/2387, 2021.05.21 검색.

자리 잡게 되었다(류정선 2020, 3).

ESG는 "회계, 재무적 숫자는 한 곳에 모을 수 있는 기준과 조직이 있는데, 비재무적인 환경·사회·거버넌스(지배구조 또는 의사결정구조)에 해당하는 숫자가 아닌 경영활동 및 관련 지표는 어떤 기준으로 어떻게 모아서 관리하고 공시하며 커뮤니케이션에 활용할 것인가?"라는 질문에서 시작되었다(딜로이트 2020, 27). 이는 결국 기업을 운영하는 데 있어 "우리 기업은 어떤 전략과 경영목표를 지니고 성과를 내어 고객과 투자자, 임직원 및 사회로부터 신뢰가치를 형성해 나갈 것인가?"라는 '가치지향적' 패러다임 도입으로 이해해야 한다(딜로이트 2020, 27).

그중에서도 ESG 경영은 기업 가치를 평가할 때 철저하게 투자자 관점으로 평가(딜로이트 2020, 27)하는 것을 의미한다는 점에서 지금까지 부분적·간접적으로 투자과정에서 고려되던 GRI, UNGC 보고체계보다 투자자들에게 더욱 유용한 평가기준으로 각광받고 있다. 한마디로, ESG 투자는 기업의 사회적인 책임을 강조한다는 측면에서 기존에 잘 알려진 SRI(Social Responsible Investment), 임팩트 투자개념과 비슷하나 환경, 사회, 지배구조의 차이에 따른 '경제적 가치(금융 수익률)'를 더 중시한다는 점에서 투자자와 기업 모두에게 매력적인 투자기준으로 부상한 것이다(강봉주 2020, 3).

ESG 경영에서 환경, 사회, 지배구조 별로 중요한 요소(평가기준 및 투자대상)는 일반적으로 다음과 같이 식별된다(류정선 2020, 3).

- 환경(E): 기후변화 및 탄소배출 저감 이슈, 대기 및 수질오염 등 환경오염 문제, 환경친화적 청정기술, 생물다양성과 산림벌채 등 자연보호 이슈, 에너지 효율성 이슈, 폐기물 관리, 물 부족 문제 등
- 사회(S): 고객 및 이해관계자 만족과 신뢰, 개인정보와 프라이버시 보호 이슈, 젠더 및 사회적 다양성(소수집단 차별문제) 이슈, 상향식 조직원 참여, 인권과 노동권 보호, 지역사회와의 상생관계 등

- 지배구조(G): 기업(기관) 이사회 구성, 감사위원회 구성, 부패와 청렴 문제, 임원 보상수준 등 방만경영 문제, 로비와 정치기부금 관리, 내부고발자 제도 등 윤리경영제도 등

위에 소개된 ESG 경영의 중요 요소들을 통해 알 수 있지만, 이는 현재 우리나라 공공부문에서 추진 중인 사회적 가치 실현목표 및 다른 글로벌 이니셔티브(UNGC, GRI, ISO 26000 등)에서 강조하는 중요 요소들과 상당히 유사하다. 특히 ESG에서 강조하는 비재무적 요소의 활용·평가의 기준은 앞서 소개한 GRI(Global Reporting Initiative) 보고체계를 토대로 구축되었다(딜로이트 2020, 27). 이는 UNGC, GRI 등에서 강조하는 목표, 즉 조직의 경영기획과 성과관리에 있어 사회적 가치, 지속가능성, 사회책임 등의 가치관을 내재화해야 한다는 목표가 ESG 경영혁신도 계속 강조된다는 것을 의미한다.

기업의 ESG 정보에 대한 공시의무화가 영국, 미국, 일본 등 여러 선진국에서 '제도화'되고 있고 우리나라도 이러한 추세를 따르고 있다.

ESG 정보공시의무 제도화 동향

- 영국: 2020 11월 전 세계 최초로 모든 상장사에 ESG 정보공시 의무화를 선언
- 홍콩과 일본: ESG 의무공시 도입 계획을 발표
- 미국: 현재 ESG 자율공시를 시행 중인데, 환경 및 기후에 관심이 높은 바이든 행정부가 출범하면서 공시 요건을 강화할 가능성 높음
- 한국: 환경(E)과 사회(S) 정보를 포함한 ESG 정보의 거래소 자율공시 활성화와 단계적 의무화를 추진. 1단계로 2025년까지 ESG 가이던스 제시 및 자율공시를 활성화하고, 2단계로 2030년까지 일정 규모 이상 상장사에 대해 의무공시를 적용, 2030년 이후(3단계) 전 코스피 상장사 의무 공시를 시행한다는 계획

자료: 이코노믹리뷰, 2021.05.21 검색.

우리나라는 환경(E)과 사회(S) 정보를 포함한 ESG 정보의 거래소 자율공시 활성화 정책 및 단계적 의무화를 추진하고 있다.[24]

- 1단계: 2025년까지 환경, 사회분야 보고를 위한 ESG 지침 제시 및 자율공시를 활성화
- 2단계: 2030년까지 일정 규모 이상 상장사에 대해 의무공시를 적용
- 3단계: 2030년 이후 전 코스피 상장사 의무 공시를 시행할 계획
- 기업지배구조보고서(G)는 2019년부터 자산 2조 원 이상 코스피 상장사의 거래소 공시를 의무화했고, 2026년부터 전 코스피 상장사로 확대할 방침

ESG 투자규모는 최근 급격하게 성장하고 있는데, 2008년과 2012년 금융경제위기에 이어 2020년 코로나19 사태 때 폭락하는 투자시장에서도 ESG 등급이 높은 펀드의 낙폭이 상대적으로 낮아 전 세계적으로 ESG 경영에 대한 투자자들의 관심이 집중되었다(류정선 2020,4). 글로벌지속가능투자연합(Global Sustainable Investment Alliance: GSIA) 통계에 따르면 2021년 초 기준 전 세계 ESG 투자 규모는 40조 5,000억 달러(4경 4,400조 원)으로, 2018년 30조 6,800억 달러(3경 3,600조 원)과 비교하여 31% 증가하는 놀라운 성장세를 보이고 있다.[25]

2020년에는 삼성증권이 ESG 연구소를 리서치센터 내에 설립하고, 한국투자증권이 석탄산업 관련 추가투자를 중단하는 등 은행과 증권업계도 ESG에 대한 대응을 강화하고 있는 동향이 확연하게 드러나고 있다.[26]

---

24 이코노믹리뷰, https://www.econovill.com/news/articleView.html?idxno=519303, 2021.05.21 검색.

25 이코노믹리뷰, 앞의 웹페이지(주 24).

26 한국경제, https://www.hankyung.com/economy/article/2020081636471, 2021.05.21 검색.

(2) 공공부문 적용과 평가

기업의 사회적 책임(CSR), 사회책임투자(Social Responsible Investment: SRI)보다 투자자들에게 더욱 중요한 의미를 갖게 되는 ESG에 대해 기업들은 이미 비상한 관심을 보이며 대응전략을 수립하고 있다. 그렇다면 공공부문에 있어 ESG 경영은 어떠한 의미를 갖는가?

공공부문과 ESG 경영의 의미

소수의 대형 공기업을 제외하고 중앙행정조직이나 대부분의 재정을 정부지원에 의지하는 준정부기관, 지방자치단체 등은 민간 시장의 '투자자 관점' 개념을 적용하기 어려울 수 있다. 그러나 정부의 재정은 결국 국민의 세금을 기반으로 이루어지며, 국민이야말로 가장 중요한 투자자라 할 수 있다. ESG 관점에서 낮은 평가를 받는 공공조직들은 정부에 대한 국민신뢰를 추락시키는 역할을 담당하게 되므로 사회적 가치, 정부 책임성 등의 관점에서도 낮은 평가를 받을 수밖에 없다.

아직은 ESG 평가기준이 개별 평가기관마다 달라 혼선이 발생하고 있지만, 점차 국제적으로 표준화된 기준이 제시될 것으로 전망되고 있다. 이제 ESG 평가는 우리나라뿐 아니라 세계적으로 보편적인 사회적 가치/지속가능성에 대한 통합 평가기준으로 부상하리라 기대되는 상황이다.

한편 ESG의 중요성을 이해하는 것과 실제 조직 활동에 이를 적용하는 것은 매우 다른 차원의 문제이다. ESG에서 중요하게 여겨지는 평가요소들(환경오염저감, 반부패, 인권과 노동기회 존중 노력 등)을 이해하는 것은 그렇게 어렵지 않으나, 이를 전사적 차원에서 조직의 전략기획 및 성과관리 과정에 유기적으로 내재화하는 것은 쉽지 않다. 무엇보다 ESG 평가요소를 기획·관리할 수 있는 조직이나, 연관 부서 간의 역할과 책임이 명확하지 않은 상황에서는 효과 있는 전략적 추진을 기대하기는 어렵다(딜로이트 2020, 27). 2017년부터 '사회적 가치'의 내재화를 위해 기관의 전략체계, 조직구조, 내부평가방법 등을 대대적으로 재정비한 경험이 있는 공공기관들은 이러한 어려움을 쉽게 이해할 수 있을 것이다.

우리나라 공공부문의 ESG 적용 현황

글로벌 사회에서도 기후정보공개표준위원회(Climate Disclosure Standards Board: CDSB)가 출범하여 기업 공시 내용에 환경정보를 포함하도록 하는 등 ESG 경영공시시스템이 체계화되고 있으며, 우리나라에서도 2016년 말 한국거래소(KRX) 상장공사시스템(KIND)과 한국예탁결제원 증권정보포털에서 ESG 등급을 공시하면서 기업들의 ESG에 대한 관심이 급증하였다(이준희 2018, 60-61). 다시 말해 ESG 체계의 도입과 함께 기업들의 현장에서 가장 현안으로 부상하는 것은 '공시의무 항목'과 '평가등급'이다. 공시의무항목이 확대될수록 기업의 대응업무도 확대되며 평가등급은 투자자들에게 매우 중요한 기준으로 자리 잡고 있는 것이다.

우리나라 공공부문의 경우, 아직 기존의 정부차원에서 운영되는 각종 평가(예; 공공기관 대상의 기획재정부 경영실적평가)가 중요하므로 평가등급에 대한 논의는 아직 공공부문까지 크게 확대되지 않은 상태이다. 단 공시의무의 경우 이미 기획재정부가 2021년 3월 공공기관들을 대상으로 ESG 항목을 기존의 경영공시항목에 포함할 것을 발표한 바 있다. 공공기관들은 최근 비리, 부패사건 뿐 아니라 일련의 비극적 산업재해사고 등으로 인해 공공기관 경영방식 및 사회적 책임성에 대한 국민인식이 크게 하락한 상황이다. 이러한 상황을 극복하기 위해 공공기관의 경영실적평가를 주관하는 부처인 기획재정부는 2021년 3월 4일, 공공기관 경영공시항목에서 ESG의 위상을 대폭 강화할 것을 발표하였다.[27] 이는 공공기관들의 경영 투명성 제고 및 사회책임 이행 역량을 강화하기 위한 조치라 할 수 있다. 뿐만 아니라 공공기관 안전 관리 역량을 평가하는 안전등급제 시행, 온실가스 감축 실적 등 환경부 문 성과, 한국판 뉴딜과 연계한 일자리 창출 및 지역경제 활성화 노력 등의 중요성이 강화되면서, 기존의 사회적 가치 영역의 사업 및 성과들 이 ESG 구조 아래 점차 재편성되는 동향이 나타나고 있다.

기획재정부의 ESG 공공기관 경영공시 관련 발표 내용

공공기관의 경영공시 내용들은 공공기관 경영정보 공개시스템(알리오: All Public Information In-One)을 통해 대국민에게 공개되고 있다. 그간 일부 사회적 요구를 반영하여, 노동조합('09 년), 일가정양립('15년), 안전('19년) 등 사회적 가치 내용을 공시항목에 추가하여왔다. 2021년은 ESG 등 최근 논의동향을 반영하여 ① 안전 및 환경 항목, ② 사회공헌활동, ③ 상생협력, ④ 일가 정양립 등 관련 항목을 대폭 신설·보완하고자 한다. 2021년 환경, 혁신조달 등 ESG 관련 공시항 목 확대를 통해 탄소중립과 그린뉴딜 분야에서 공공기관의 선도적 역할이 더욱 부각되고, 현장 에서 국민 생활과 밀접한 공공기관의 혁신조달 성과가 他 공공부문으로 확산·공유될 것으로 기 대된다.

자료: 기획재정부 공공정책국 보도자료; 이로운넷, 2021.05.21 검색.

지방자치단체의 ESG 이행수준의 경우 2018년부터 '대한민국 지방자치 단체 사회책임지수'[28]와 같이 ESG 측정모델을 기반으로 민간 이니셔티브 차원에서 ESG 측정모델을 기반으로 평가한 바 있다. 이는 아직 민간의

---

[27] 경제정보센터, https://eiec.kdi.re.kr/policy/materialView.do?num=211321&topic=, 2021.05.21 검색.

[28] '대한민국 지방자치단체 사회책임지수' 평가기준은 국제적으로 통용되는 TBL(경제·사회·환경 성 과), ESG(환경·사회·거버넌스) 측정 모델을 준용해 경제, 사회, 환경, 재정·거버넌스 등 네 분야에 서 사회책임 이행 수준과 지속 가능성을 평가한다. 평가위원회는 ISO26000 전문가포럼, 지속가능경 영재단, 한국사회책임투자포럼, 조선일보 더나은미래재단 등 4개 기관으로 구성되었으며, 조선일보, https://www.chosun.com/site/data/html_dir/2019/03/25/2019032501666.html, 2021.05.21 검색.

자발적이고 실험적 시도라 할 수 있다. 최근 지차제 경영에도 ESG 경영을 도입하자는 논의가 확대되고 있으며, 서울시는 2021 서울 사회공헌 혁신포럼(3월 25일)의 주제로 '지속가능한 세상 위한 ESG와 민관협력'을 설정하는 등 지방자치단체의 ESG 경영 도입은 태동기 수준이라 할 수 있다. 그러나 민간 기업에 도입되기 시작한 ESG 경영혁신이 이미 공공기관으로 확대되는 추세이고, 이러한 변화가 우리나라 지방자치단체를 포함한 공공부문 전 조직들로 빠르게 확산될 가능성이 매우 높다.

마지막으로 코로나19 위기극복을 위한 국가경기부양정책인 한국판 뉴딜(디지털, 그린뉴딜)이 ESG 구조와 융합되는 동향이 나타나고 있다. 이는 우리나라만의 현상은 아니다. 앞서 소개하였듯이 코로나19 위기에서도 세계적으로 ESG 등급이 높았던 펀드의 하락폭이 낮았던 것에서 알 수 있는 것처럼, 기업이나 공공조직의 역량·가치평가에서 기후환경위기와 안전과 인권, 청렴이슈에 관련된 리스크가 중요한 위상을 차지하고 있다는 것이다(딜로이트 2020, 29).

특히 현시대에는 디지털뉴딜과 연계된 언택트(untact) 기술역량 및 신사업(바이오, 인공지능 등) 혁신역량, 그린뉴딜과 연계된 환경산업 혁신역량, 팬데믹으로 인한 기존 가치사슬이나 협력체계 위기를 관리할 수 있는 유연한 거버넌스 구축역량 등이 강조되고 있는 상황이다. 이러한 역량은 ESG 경영체계에서도 높은 평가를 받을 수 있는 역량이다. 다시 말해 포스트코로나 시대의 국가경기부양정책을 선도적으로 이끌어 가야 할 공공부문 조직들은 포스트코로나 시대의 전환역량을 평가할 수 있는 ESG 경영체계 도입을 그 누구보다도 선제적으로 준비해야 할 필요가 있다는 것이다.

공공조직 경영과 ESG 전략수립

ESG가 투자자 관점의 경영혁신체계라는 점에서, 평소 '투자자' 대응이슈를 관리한 경험이 적은 공공부문 조직들은 더더욱 ESG 전략에 대한 이해도가 높지 않을 수 있다. 사실 아직은 공공부문에 '특화'된 ESG 평가체계가 개발되어 정부차원의 공신력을 얻기 전이므로, 공공부문 ESG 전략은 지금까지 수립한 사회적 가치실현전략과 유사성이 높을 수밖에 없다. 향후 공공부문 특화형 ESG 평가기준이 수립된다면, ESG 특유의 '투자자' 기준과 '환경-사회-지배구조가 가져다주는 경제적 수익가치'의 성격 때문에 기존의 사회적 가치 전략 및 평가기준과는 사뭇 상이한 양상이 전개되리라 예상된다. 그러나 아직은 전환기로서, 기존의 공공부문 사회적 가치 체계가 유지되는 상황에서 ESG 개념 구조에 맞춰 각 기관별 자산과 전략사업들이 재구성되는 수준에 머무르고 있다.

일단 명확한 '투자자' 개념이 적용되지 않는 공공조직들은 기관의 핵심 고객·이해관계자 관점과 국민신뢰관리 관점에서 ESG 경영계획을 수립해야 한다. 이는 사회적 가치를 포함한 기존의 공공조직 경영전략과 큰 차이가 나지는 않는다. 이를 위해 조직별로 주요 이해관계자를 분석하고 각 이해관계자 집단의 니즈와 소통방법을 체계화하고, 기관의 ESG 사업방향(공시의무사항 등을 고려하여)과 이해관계자 집단별 니즈를 교차하여 대응전략을 수립하는 것이 중요하다.

특히 대외적으로 기관역량만으로는 한계가 발생하는 영역(환경, 지역사회경제, 상생과 동반성장 등)에서는 파트너십을 통해 상생과 협력의 가치를 발굴할 수 있는 이해관계자 집단을 선정해야 한다. 내부조직원 및 밀접한 이해관계자(용역 및 협력업체 등) 집단의 경우 기관이 이들의 애로사항과 수요를 얼마나 공정하게 대응하는지에 각별히 유념할 필요가 있다.

기관이 GRI 등 지속가능경영을 위한 계획을 이미 수립한 경험이 있다면, 이러한 경험과 인적자원을 토대로 1) 기존 전략의 계획이나 실행과정에서 발견된 약점을 철저히 분석하여 보완하고, 2) 지금까지 조직 내 축적된 경험 및 인적·지식자산을 ESG 경영계획 수립에 활용하는 것이 적절하다.

일례로 딜로이트(Deloitte) 코리아에서는, 기존의 GRI 보고서를 작성한 경험이 있는 기업들을 위해 기존의 GRI 요소를 ESG에 적용할 방법론을 제시하였는데(그림 17), 이러한 방식을 활용하여 GRI 경험이 있는 조직(민간, 공공 모두 포함)들은 자신들이 기존에 수립한 사회적 가치 전략계획(혹은 유사한 계획) 내용을 ESG 대응체계로 연계시킬 수 있다.

그림 17   딜로이트의 ESG와 GRI 지표 연계분석

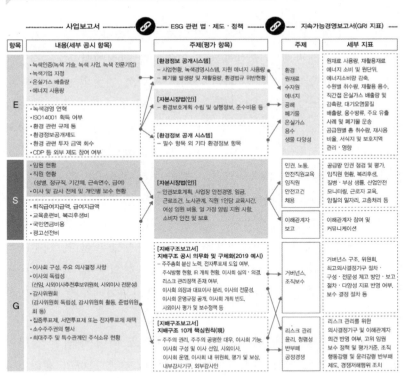

자료: 이준희, 2018, 61면 도표 인용.

한편 GRI 보고서 경험이 없는 공공기관이 ESG 관점에서 조직구조 및 전략체계를 정비하고자 한다면 어떻게 해야 할까? 일단 기존의 사회적 가치 추진체계 운영인력 및 경험(해당 기관의 사회적 가치 추진체계가 원활하게 작동하였다는 전제 아래)을 적극 활용하는 것이 바람직하다. 특히 청렴과 반부패문제 관리부서, 안전관리부서, 사회적가치 관리전담부서, 대국민홍보 및 소통부서 등을 중심으로 "탄소중립", "상생경제", "청렴조직" 등의 목표에 최우선순위를 부여하여 조직을 운영할 것을 제안한다. 또한 내부 조직 안에서 각별히 관심을 가져야 할 부분은 국민의 신뢰가 무너지지 않도록 해야 한다는 것이다. 2021년 초 전국을 충격에 빠뜨린 대형공기업의 내부정보 활용 투기사건과 같은 사태가 발생하지 않도록, 조직 내부에 반사회적 이슈(도덕적 해이, 부패, 방만, 인권문제나 범죄 등) 방지 전략을 체계화해야 한다.

ESG 평가에 대한 논의

기업의 ESG 경영이행 역량이 중요한 투자기준으로 여겨지기 시작하면서 ESG 평가기준의 일관성과 평가기관의 역량도 중요한 이슈로 부상하고 있다. 한편 현 상태로서는 평가기관들이 독자적으로 평가기준을 수립하여 적용하는 과정에서 등급 산정모델의 불투명성, 재무적 성과와 불명확한 연계성, 평과결과의 상이함(동일 기관에 대한) 등의 문제로 논란이 해소되지 않고 있다. 우리나라뿐 아니라 국제사회에서도 ESG 등급평가 '표준화' 노력이 적극적으로 촉구되고 있으며 이를 위한 시도도 계속하여 이루어지고 있다.

ESG 평가의 기준을 이해하기 위해서는 ESG 투자 방법론에 대한 기본적인 이해가 필요하다. 즉, 투자자들이 '투자 대상으로 양호한 기업을 선정하기 위해 ESG 기준을 어떻게 적용하고 있으며, 어떻게 불량한 투자대상을 스크리닝하는가'를 이해해야 한다는 것이다. 다음 표는 주요 투자 방법론의 유형을 분류한 내용이며, 이 가운데 글로벌 ESG 펀드자산 규모비율을 기준으로 ESG 통합투자전략과 네거티브 스크리닝이 가장 선호하는 방법론으로 알려져 있다(강봉주 2020, 4).

표 12 ESG 투자방법론 분류

전략	내용
네거티브 스크리닝	ESG관점에서 부정적으로 평가되는 산업/기업을 포트폴리오 등 구성에 배제하는 방식
포지티브 스크리닝	우수한 ESG 성과를 보이는 기업 등을 선별하여 투자하는 방식
규범기반 스크리닝	국제적으로 통용되는 규범에 입각하여 충족 여부를 투자심사에 반영하는 방식
ESG 통합투자	투자의사결정을 위한 재무분석 프로세스에 ESG요소를 체계적·명시적으로 융합시키는 방식
지속가능 테마투자	지속가능성 관련 테마(청정에너지, 녹색기술, 지속가능 농업 등)의 자산, 기업에 투자하는 방식
임팩트 투자	사회, 환경문제를 해결하여 긍정적인 영향을 이끌어 내기 위해 수익에 국한하지 않고 투자하는 방식
경영참여 및 주주행동	ESG에 맞는 기업경영을 위해 주주권한을 적극적으로 활용하여 영향력을 행사(의결권 행사, 기업과의 대화, 주주제안 등)하는 방식

자료: 강봉주 2020, 4면 도표 인용.

2021년 초 기준 국내에서 ESG를 평가하고 등급을 부여하는 기관은 한국기업지배구조연구원(KCGS), 대신경제연구소, 서스틴베스트 등이 있으며, 해외의 경우 대표적으로 다우존스 지속가능경영지수(DJSI), 모건스탠리캐피털인터내셔널(MSCI), 톰슨 로이터 등이 꼽힌다.[29] 다음 표는 2020년 하버드대학 로스쿨, 한국기업지배구조원, 메리츠증권리서치센터, 서스틴베스트, 대신경제연구소 등의 자료를 기반으로 국내외 주요 ESG 평가기관과 평가방법론을 정리한 내용이다(강봉주 2020, 5).

표 13 ESG 평가기관 및 평가방법

구분	기관명	지수 명칭	시작	평가 대상	평가 등급	평가 방법·특이사항
국내	한국기업지배구조원	ESG 평가	2011	900	S-D	• 기업 공시, 기관 자료, 미디어 자료 활용 • 2017년 지배구조 정성평가 시범도입
국외	서스틴베스트	ESGValue	2006	1,000	AA-E	• E, S, G 각 영역에 대해 Category(평가항목), KPI(평가지표), Data Point(세부지표) 순의 단계별 하부체계로 구분 • 상반기 평가와 하반기 평가로 나누어 진행
	대신경제연구소	-	2017	-	-	• 수기조사(Hand collecting)하는 것을 원칙으로 기초조사 및 정량적 문항평가를 진행
	Thomson Reuters	ESG Scores	2009	6,000	0~100% & A+-D	• (1) ESG Score, (2) ESG Controversy Score로 구성 • 2주마다 업데이트 • 10개 카테고리, 이슈가 많을수록 가중치 부여

29 이투데이, https://www.etoday.co.kr/news/view/1994387, 2021.05.21 검색.

국외	Dow Jones (RobecoSAM 과 파트너십)	DJSI	1999	5,900	0~100 산업 내 비교	• 특정 dimemsion에 대해 산업별 가중치 부여/ 산업에 따라 Industry-specific criteria 적용 • e.g. Electric Utilities 산업의 Environmental 비중(36%)이 Banks(16%)보다 2배 이상 높게 설정 • Water-related risks는 electric utilities 산업에만 적용 • 산업별 설문조사 시행(80-120문항)
	Morgan Stanley	MSCI ESG Ratings	-	6,000	AAA-CCC	• 37 ESG issues Relative to the standards and performance of thier industry peers • 정부 데이터베이스, 기업 공개 자료, 매크로 데이터, NGO 데이터베이스 자료 활용 • 매주 새로운 정보가 반영되어 업데이트/ 심층 기업분석 리뷰는 연간 약 1회
	Bloomberg	ESG Data	2009	10,000	0~100	120 indicators, 정보 누락에 대해서는 감점 적용
	RepRisk	ESG Ratings	1998	84,000	AAA-D	• 매일 업데이트 • 80,000 미디어 및 이해관계자 데이터 소스 모니터링 • 28 ESG issues, 45 "Topic Tags" • Carbon Disclosure Project, UN-supported Principles of Responsible Investment와 파트너
	Sustainalytics	ESG Ratings	2008	6,500	0~100 산업 내 비교	• 70개 indicators • 3 dimensions: preparedness, disclosure, performance

자료: 강봉주 2020, 5면 도표 인용.

▶ **사회적 가치, 지속가능성, 윤리경영 등 전 세계적으로 공공부문 경영 패러다임에 가치지향적 원칙이 중요해지고 있음**
- 공동체와 함께 살아가는 사회를 추구하는 사회적 가치 개념이 부각되며, 효율성 중심으로 운영되던 공공부문의 경영방식의 새로운 전환이 요구되고 있음
- 공공부문은 공공성, 공익성, 공동체성 등 3대 속성을 기반으로 사회적 가치를 실현될 필요가 있음

▶ **사회적 가치와 개념과 유사한 속성을 가진 글로벌 이니셔티브**
- 사회적 책임과 지속가능성 등의 유사한 개념을 조직경영에 내재화하기 위한 글로벌 기준 및 보고체계가 확산되고 있음
- UNGC 협약, ISO 26000 국제표준, GRI 보고체계, ESG 경영혁신체계 등이 대표적 사례임. 특히 ESG는 글로벌 기업들의 비재무공시 기준으로서 세계 투자자들의 새로운 투자대상 선정 기준으로 인기를 얻고 있음. 이러한 영향이 공공부문으로 급격히 확산되는 상황임

02 사회적 가치와 대한민국 정부혁신 방향

1. 사회적 가치 중심의 국정운영

우리나라는 1960-1970년대 개발경제체제 안에서 정부 주도로 국가경제의 성장이 이루어졌고, 이러한 배경 안에서 정부 관료제는 막강한 힘을 가지게 되었다. 그러나 이후 군사독재시대의 종말과 민주화 시대의 등장, 1997년 IMF 외환위기 등 급격한 정치·사회·경제 변화를 겪는 과정에서 한국사회는 "비대한 정부와 그에 따른 막대한 재정지출, 방만한 행정 등 한국 관료제의 문제점(임도빈 2010)"을 정면으로 마주하게 되었다. 이러한 시대적 배경으로 인해, 서구 선진국에서 열풍을 일으킨 신공공관리론의 기조, 즉 '작은 정부', '시장 중심의 기업가적 정부'의 우월성이 우리나라에서도 전폭적으로 지지될 수밖에 없었다.

그러나 1990년대 말부터 대한민국 정부개혁을 이끈 신공공관리적 개혁방식은 여러 가지 차원에서 한계를 드러내었고 '사회적 가치'의 개념이 이러한 한계를 극복하기 위해 국정운영의 핵심 방향성으로 등장하였음을 이미 언급한 바 있다. 이제 우리나라 공공부문은 '함께 살아가는 포용사회', '국민이 주인인 국가' 등의 비전을 혁신의 기준으로 설정하고 이를 제도적, 경영관리적 관점에서 체계화하기 위해 다양한 노력을 기울이고 있다.

1) 사회적 가치 기본법 제정을 위한 노력

「공공기관 사회적 가치 실현에 관한 기본법(안)」은 우리나라 공공기관의 사회적 가치 실현 사업 및 평가과정에서 가장 중요한 기준으로 고려되고 있다. 사실 현 법안은 아직 입법화 과정이 완료되지 않은 채 법안 상태로 국회에 계류 중이지만, 현재 우리나라 공공기관 사회적 가치 실현의 개념을 법제도적 관점에서 규정했다는 데서 그 의미가 매우 크다.

해당 법안은 2014년 6월 문재인 당시 국회의원을 포함한 약 60여 명의 국회의원의 의해 발의되었고, 이후 박광온 의원 외 21명이 2017년 10월 재발의한 상태이다. 본 법안은 사회적 가치를 "인권, 안전, 환경, 사회적 약자 배려, 양질의 일자리 창출, 상생협력 등 공공의 이익과 공동체 발전에 기여하는 가치"로 규정하고 있다.

법안의 취지는 사회적 가치 실현을 공공부문의 핵심 운영원리로 삼고, 업무수행 시 이를 체계적으로 실행하도록 함으로써 공공부문부터 사회적 가치 실현을 선도하고 나아가 민간부문으로 확산시키는 데 있다. 이는 문재인정부 100대 국정과제 중 12번 과제인 "사회적 가치 실현을 선도하는 공공기관"으로 그대로 연결되고 있다.

표 14 사회적 가치 기본법에서 사회적 가치의 정의와 범위

제3조(정의) 이 법에서 사용하는 용어의 뜻은 다음과 같다.
"사회적 가치"란 사회 · 경제 · 환경 · 문화 등 모든 영역에서 공공의 이익과 공동체의 발전에 기여할 수 있는 가치로서 다음 각 목의 내용을 포괄한다.
가. 인간의 존엄성을 유지하는 기본 권리로서 인권의 보호
나. 재난과 사고로부터 안전한 근로 · 생활환경의 유지
다. 건강한 생활이 가능한 보건복지의 제공
라. 노동권의 보장과 근로조건의 향상
마. 사회적 약자에 대한 기회제공과 사회통합
바. 대기업, 중소기업 간의 상생과 협력

사. 품위 있는 삶을 누릴 수 있는 양질의 일자리 창출
아. 지역사회 활성화와 공동체 복원
자. 경제활동을 통한 이익이 지역에 순환되는 지역경제 공헌
차. 윤리적 생산과 유통을 포함한 기업의 자발적인 사회적 책임 이행
카. 환경의 지속가능성 보전
타. 시민적 권리로서 민주적 의사결정과 참여의 실현
파. 그 밖에 공동체의 이익실현과 공공성 강화

2) 문재인정부와 사회적 가치

문재인정부는 국정운영의 한 방향으로서 사회적 가치 실현을 강조하고 있으며, 국정운영의 핵심과제로 제시한 100대 국정과제 중 상당부분이 사회가치 실현과 관련되어 있다(최현선 2018).

2017년 출범 이후 문재인정부는 정부혁신국민포럼을 통해 2018년 2월-3월까지 일반 국민 2,143명이 참여한 '내가 생각하는 정부혁신'에 대한 의견을 수렴하였다. '내가 생각하는 정부혁신'의 핵심 키워드 분석결과, '공정하고 투명한 정부', '공공성', '현장중심 적극행정', '효율적인 정부', '국민 소통과 협력'이 5대 핵심 키워드로 도출되었다. 또한, 국민이 바라는 정부의 모습은 '약속을 잘 지키는 정부', '정의로운 정부' 등으로 나타났다. 대국민 의견수렴 결과, 혁신에 대한 국민의 지배적인 생각은 '사회 문제해결에 대한 새로운 방안 모색'임을 알 수 있었다. 이는 '첨단기술', '경제발전' 등에 국한되었던 과거의 혁신 개념과 상당히 다른 유형의 혁신 개념으로서, 이와 같은 국민의 니즈를 기반으로 정부는 2018년 3월 19일 「정부혁신 종합 추진계획」을 확정하였다. 정부 혁신의 비전은 국정목표인 "국민이 주인인 정부" 실현이며, 이를 달성하기 위한 3대 전략을 수립하였다(행정안전부 2018).

- 첫째, '정부운영을 사회적 가치 중심으로 전환': 정책과 재원배분의 우선순위를 공공의 이익과 공동체 발전에 기여하는 사회적 가

치 중심으로 전환하고, 이를 위한 인프라로서 정부의 예산·인사·조직·평가체계를 획기적으로 전환
- 둘째, '참여와 협력을 통해 할 일을 하는 정부' 구현: 정책의 시작도 끝도 국민이라는 원칙 아래, 정책 제안·결정·집행·평가 전 과정에 국민이 참여함으로써 국민의 뜻이 보다 잘 실현되도록 노력
- 셋째, '낡은 관행을 혁신하여 신뢰받는 정부' 구현: 공직자가 개혁의 주체라는 인식을 갖고, 정부신뢰를 떨어뜨리는 기존 관행과 일하는 방식을 근본적으로 바꿔 국민이 믿을 수 있는 정부를 만듦

위의 정부혁신 종합계획에서 가장 중요한 키워드는 '사회적 가치', '국민참여', '정부 신뢰도'이며 이들은 서로 밀접하게 연결된 가치요소라 할 수 있다. 이후 정부는 이러한 혁신기조를 유지하면서 새로운 사업목표들을 보완하며 매년 정부혁신 종합계획을 발표하고 있다. 다시 말해 '사회적 가치'와 이와 연계된 개념들이 지속적으로 문재인정부 국정운영방향에서 가시적으로 중요한 위상을 확보하고 있음을 알수 있다.

3) 정책적 활성화 예시: 공공기관 경영실적평가의 사회적 가치 평가

지금까지 살펴본 바와 같이 사회적 가치 실현에 대한 국가적 요구는 대한민국 전 공공부문에 적용되고 있지만, 구체적인 성과창출 목표가 가장 구체적으로 제도화된 부문은 바로 공공기관(공기업, 준정부기관)이다. 물론 중앙행정조직과 지방자치단체들도 '사회적 가치 창출 우수사례'를 창출하기 위해 노력하고 이에 대한 포상, 격려제도도 운영되고 있다. 또한 지자체 합동평가에서도 2018년부터 일자리 창출,

저출산·고령화 대책, 사회적 약자 보호, 사회적 경제 육성 등 사회적 가치 구현 지표와, 주민참여 활성화를 통한 사회혁신 및 지방분권 지표 등이 추가 개발되어 적용되고 있다.[30]

2018 행정안전부 사회적 가치 구현 지자체 우수사례 경진대회

행정안전부(장관 김부겸)는 공공의 이익과 공동체의 발전에 기여하는 모범 사례를 발굴·확산하기 위한 '사회적 가치 구현 지자체 우수사례 경진대회'를 10일 오후 2시 정부서울청사에서 개최했다. 243개 지자체의 정부혁신 담당 공무원들과 사전 심사로 선정된 38개 우수사례 담당자들이 참석하여 사회적 가치를 구현한 사례를 발표하고 공유하는 시간을 가졌다.

이날 대회에서는 현장심사단의 심사를 거쳐 인권, 사회통합, 공동체, 시민참여, 상생협력 등 5개 분야별로 사회적 가치를 구현한 최우수사례를 선정하였다. 전라북도 진안군의 '좋은 세상 만들기 위원회 운영', 부산시 사상구의 '다복따복망 운영', 경기도 시흥시의 '동네관리소 설치·운영', 제주도의 '골목상권 자체브랜드 개발 및 공동배송 지원', 전라북도 완주군의 '청년완주 JUMP 프로젝트' 사례가 최우수사례로 선정되어 최우수상[재정특전(인센티브) 2억 원]을 수여하였고, 경진대회에서 분야별 2등을 차지한 우수사례에 대해서는 우수상(재정특전 1.2억 원)을, 사전심사 결과 선정된 나머지 28개 우수사례에 대해서는 장려상(재정특전 0.5억 원)을 수여하였다.

사회적 가치 5개 분야별(인권·사회통합·공동체·시민참여·상생협력) 우수사례에 대한 공모를 한 결과, 17개 시·도에서 240개의 사례를 신청하는 등 큰 관심을 보였다. 1차 심사에서 38개의 우수사례를 선정하였고, 정부혁신국민포럼 누리집을 통해 국민의 온라인 심사(선호도 투표)로 경진대회에서 발표할 10개의 우수사례를 2차 선정한 후, 이날 현장 심사에서 분야별 최우수사례 5개를 최종 선정하였다.

자료: 행정안전부 보도자료, 2021.05.21 검색.

---

30 행정안전부, https://www.mois.go.kr/frt/bbs/type010/commonSelectBoardArticle.do?bbsId=BBSM STR_000000000008&nttId=60135, 2021.05.21 검색.

그럼에도 불구하고 우리나라 공공부문 평가제도 중 기획재정부의 공공기관 경영실적 평가만큼 피평가기관의 경영전략에 강력한 영향을 미치는 제도를 찾아보기 어려우며, 특히 사회적 가치 실현 성과가 해당 평가제도만큼 높은 비중을 차지하는 경우도 찾아보기 어렵다. 따라서 현재까지 우리나라 공공부문의 사회적 가치 성과창출의 기준과 방향성, 전략과 사업내재화 노력 등의 구체적인 결과를 확인하는 데 있어 공공기관 경영실적평가 사례가 가장 유용하다고 할 수 있다. 앞서 언급하였다시피 「공운법」에 의해 지정된 340개의 공공기관(2021년 기준) 중 131개의 기관(공기업 36개, 준정부기관 95개, 2021년 기준)이 경영실적평가 대상이다. 경영실적평가는 평가대상기관의 경영노력과 성과를 평가하고 이를 통해 공공성 및 경영효율성을 높이고 경영개선이 필요한 상황에 전문적 컨설팅을 제공함으로써 궁극적으로 대국민서비스를 개선하는 데 목표를 두고 매년 시행되고 있다(기획재정부 2020).

사회적 가치의 개념이 구체적으로 평가체계에 반영된 것은 2018년도 경영실적평가부터라 할 수 있다. 기존 효율성 중심의 평가방식에 내재된 한계성을 인정하고 공공기관의 사회적 가치를 강조하기 위해 경영평가 내용이 대폭 개정되었고 주요 개정내용은 다음과 같다(양동수 외 2019).

- 공공기관의 경영평가는 크게 '경영관리 범주(공공기관의 일반적인 조직경영 수준과 성과 평가)'와 '주요 사업 범주(기관별 고유의 사업 성과 평가)'로 구분되는데 이 중 경영관리 항목에서 '사회적 가치 지표'를 독립적으로 구성함
- 사회적 가치 지표의 배점을 크게 확대(공기업: 경영관리 항목 55점 중 22점, 준정부기관: 55점 중 20점)
- 삶의 질 제고, 협력과 참여 등 사회적 가치 구현과 관련된 지표 신설
- 주요 사업 항목 중 사회적 가치 실현 사업 평가(공기업: 총 45점 중 10~15점, 준정부기관: 총 55점 중 30~35점)

사회적 가치 평가의 중요성은 2020년도 경영실적 평가까지 그대로 유지되고 있다. 2020년도 경영실적평가편람(기획재정부 2020)에 의하면 준정부기관의 경영관리 범주의 사회적 가치 지표 배점이 20점에서 22점에서 확대되고 혁신노력과 소통 지표에서도 사회적 가치와 연관된 상생, 동반성장, 대내외 소통성과 등이 연계되어 평가된다.

　배점의 확대뿐 아니라 '공공기관의 사회적 가치 실현의 범주'를 구체적으로 성과평가 지표화하였다는 점에서 공공기관 경영실적평가 제도가 갖는 의미가 매우 크다. 일단 경영관리 범주에 명시된 사회적 가치 구현 지표는 5개의 세부지표로 구성되어 있는데, 이는 '일자리 창출', '균등한 기회 및 사회통합', '안전 및 환경', '상생협력 및 지역발전', '윤리경영' 등이며 여기에 사회공동체와 함께 만들어 가는 '소통'과 '혁신노력'이 혁신과 소통 및 혁신성장 범주에서 별도로 평가된다. 또한 고유기능인 주요사업 평가과정에서도 이러한 사회적 가치 범주가 철저하게 사업추진 과정에 내재화되고 있는지 평가된다. 이러한 평가범주는 앞서 소개한 「공공기관 사회적 가치 실현에 관한 기본법(안)」에서 규정하는 사회적 가치 정의를 기반으로 설정되었다.

　또한 경영실적 평가의 사회적 가치 관련 평가체계는 환경에 대한 고려, 사회공동체와의 상생, 투명하고 공정한 거버넌스 등의 개념과도 일맥상통하는 기준을 적용하고 있다. 이러한 측면은 우리나라 공공기관의 향후 ESG 체계로의 전환과정에서 상당히 유리한 경험으로 작용하리라 기대된다.

4) 공공부문의 사회적 가치 내재화 단계

　지난 3-4년간 공공성, 공익성, 공동체성을 기준으로 사회적 가치 실현이 공공부문 전반에 걸쳐 주요 경영목표 중 하나로 부각되면서,

조직별로 개별사업을 추진하고 조직성과를 관리하는 상세한 영역까지 사회적 가치 요소들을 고려할 것이 요구되고 있다. 향후로도 '사회적 가치'라는 표현은 변화할 수 있으나, ESG 기준, 지속가능경영 등 다른 차원의 경영목표나 기준의 관점에서도 사회가치와 연계된 개념 요소인 인권, 환경, 사회소외집단 포용 등의 키워드는 계속하여 공공부문 경영전략에서 중요한 위상을 차지할 것이다.

한편 사회적으로 모두 긍정적 목표들이라도, 공공부문 조직들이 실제 업무과정에서 다양한 영역의 사회가치 목표를 추진하는 과정에서 복잡한 상충, 모순 등이 발생할 수 있음을 유념해야 한다. 예를 들어 지역경제 활성화를 위해 대형 인프라 시설을 설치하고 산업클러스터를 조성할 수 있으나 이 과정에서 생태환경의 지속가능성을 추구하기 위한 다수의 '환경규제'들이 상당한 제약요인으로 작용할 수 있다. 이러한 관점에서 공공부문은 맹목적으로 혹은 '일시적 유행'에 휩쓸려 '사회가치' 목표를 설정하기보다, 다음과 같이 사회적 가치의 3대 기본 속성을 기반으로 단계별로 사회적 가치 목표를 조직 전략 및 사업계획에 내재화할 필요가 있다.

1단계: 공익성 기반의 사회적 가치 목표 설정

공공조직은 무엇보다 본연의 임무를 충실하게 이행하는 과정에서 국민을 위한 공익을 창출하고 사회적 가치를 실현해야 한다. 특히 사회가치 목표를 내재화하는 과정에서 공공조직이 첫 번째로 유의해야 할 점은, 조직 고유임무추진체계를 대외환경변화와 내부 역량(조직구조, 인력자원, 예산 등)에 따라 재정립하도록 하고 '본질에서 멀어진 부수적 임무'들이 '본질적 임무'를 저해하지 않도록 재정비하는 일이다. 이러한 이유 때문에 사회적 가치 목표를 내재화하기 위해 많은 조직들이 전사적 관점에서 SWOT 분석을 다시 실행하고 중장기 경영전략을 재조정하는 것이다. 특히 고유업무 안에서 창출할 수 있는 사회적 가치 기본요소를 재점검하여 조직이 '가장 잘할 수 있는 영역'에 해당하는 사회가치 사업들에 우선순위를 설정하고 추진하여야 한다. 물론 경영전략 및 실행과제의 일관성, 자원배분(인력, 예산 등) 전략도 연동되어 조정되어야 한다.

2단계: 공공성 기반의 사회적 가치 목표 설정

공공조직이 사업을 추진하는 과정에서 '반(反)사회적 가치'가 발생하지 않도록 해야 한다. 공공성의 관점에서 공공부문은 사실 민간부문보다 더욱 엄격한 기준이 적용되어야 하며, 윤리경영, 투명한 공시와 거버넌스 구조 등이 강조되는 것도 이러한 이유 때문이다. 일단 아무리 긍정적이고 공익적인 사업을 추진하더라도 이를 수행하는 공공 조직이 방만하게 운영되거나 기본적 '윤리'와 '인권'의 관점에서 일탈, 해이, 부패가 발생한다면 사회적 가치라는 개념을 꺼낼 필요조차 없는 것이다. 2021년 초 국민들을 충격으로 밀어 넣은 공공기관 내부 정보 이용 투기 사태, 공공일터에서의 안전수칙 미비로 인한 외주 노동자 사망사고 등이 대표적인 사례이다. 또한 조직의 운영 차원에서 부패 등의 큰 문제가 발생하지 않더라도, 앞서 언급하였듯이 서로 상충하는 사회적 가치 목표에 대한 세심한 배려도 이 과정에서 고민되어야 한다.

예를 들어 산업현장의 위험한 작업 중 상당 부분을 AI, 로봇화하는 사업들이 추진되고 있으며 실제로 이를 위해 다수의 공공 지원정책들이 운영되고 있다. 그러나 이러한 과정에서 현재 인력이 투입되던 현장이 자동화되고 결국 일자리가 줄어드는 상황이 발생하고 있다. 결국 '일자리'와 '안전'이라는 긍정적 사회가치목표가 현실에서 충돌할 수밖에 없는 상황이 발생하는 것이다. 그 어느 쪽의 목표가 더 정당하다고 속단할 수는 없지만 결국 시대적 변화라는 대세를 거스르는 것도 불가능하다. 그러나 공공부문이 시민사회와 소통하면서 함께 전환기를 극복할 수 있는 방안을 찾는다면, 조금이라도 사회적 충격을 줄이면서 단계적으로 시민사회가 변화에 적응할 수 있도록 다양한 기회와 가능성을 제공할 수 있다.

3단계: 공동체성 기반의 사회적 가치 목표 설정

공공조직은 임무 수행과정에서 공동체의 필요와 어려움을 폭넓게 고려하여 상생과 포용의 사회를 만드는 데 기여해야 할 필요가 있다. 공동체의 관점에서는 시민사회도 당연하지만 지속가능성 관점에서 환경과 미래 세대까지 포함하는 관점을 가져야 한다. ESG에서 환경이 가장 먼저 핵심 요소로 부각되는 이유는 현재의 환경위기가 아주 가까운 미래 세대의 생존을 바로 위협하기 때문이다. 사회적 양극화의 문제도 '공동체성'의 파괴로 발생한 문제이며 장기적으로 이는 사회적 불안과 범죄, 소요사태 등을 유발하고 더 나아가 경제적 발전 저하로까지 이어져 결국 공공부문 또한 이러한 위험이나 위기로부터 계속 자유로울 수는 없다.

또한 공동체성 관점에서 사회가치 목표를 추진할 때 '내부조직원의 만족도'와 '외부 이해관계자(국민사회)의 만족도'가 서로 충돌하는 상황을 고려할 필요가 있다. 이는 소홀히 여겨지기 쉽지만 자주 현실적인 문제를 일으키는 상황이라 할 수 있다. 내부 조직원들도 함께 살아가야 할 공동체 구성원이고 외부 시민사회도 함께 배려해야 할 공동체 구성원이라는 점을 항상 유념하면서, 공공조직은 이해관계 상충이 발생할 때는 공익, 공공성 관점으로 다시 돌아와 서로 다른 이해관계 안에서 균형과 원칙을 찾아야 한다. 지나치게 내부 조직원 쪽으로 무게중심이 기울어지면 사회적 공익창출이 어려워진다. 반대로 외부 고객만족에만 목표를 설정하여 조직원들의 희생이 지속되면 조직 운영 역량 자체가 저하되고 조직원들의 노동권이라는 중요한 사회가치에도 훼손이 발생한다.

　마지막으로, 위에 언급한 3단계의 사회적 가치 목표 내재화 과정이 조직의 의사결정권자들의 관점에서만 운영되지 않도록 유의해야 한다. 시간이 걸리고 과정이 복잡하더라도 사업목표를 내부의 조직원들과 상향식으로 소통하며 사업방향성을 결정하고, 가장 이해관계가 상충하거나 복잡한 외부 이해관계자 집단들의 의견을 수용할 필요가 있다.

2. "국민의 기대 그 이상, 적극행정"

　공공부문이 사회가치, 포용국가 등의 공익과 공동체 기반의 혁신을 추구할 때 또 하나 중요한 개념은 바로 '적극행정'이다. 대한민국 정부는 2019년 대통령령으로 '적극행정 운영규정'을 제정하였고 이에 따라 중앙행정기관에 적용될 '적극행정 운영지침'도 마련하였다. 이후 지자체, 공공기관까지 포괄적인 공공부문 전역으로 적극행정 추진 의지가 확산되고 있다. 공공부문 각 조직의 성과관리 및 전반적인 경영전략체계 안에서도 적극행정의 원칙이 내재화될 필요성이 부각되고 있는 것이다.

1) 적극행정의 이해

　우리나라 국민들의 공공행정부문 업무행태에 대한 인식조사 결과에 의하면, 공직자들이 업무현장에서 '무사안일하다'라고 대답한 국민의 비율이 57.1%가 넘었고, '무사안일하지 않다'로 명확하게 응답한 국민들은 16.8%에 불과했다(한국행정연구원 사회조사센터 2019, 3). 물론 공공업무절차의 경직성 때문에 개별 공직자들의 업무처리 권한이 한정적일 수 있고, 이로 인해 외부의 시각에서는 '너무 소극적으로 대응한다'고 오해할 수도 있다. 그러나 '무사안일주의', '탁상행정' 등의 바람직하지 않은 행태가 현실에서 사라진 것도 아니다. 이러한 상황을 개선하기 위해 현재 우리나라 공공부문에서도 '적극행정'에 대한 관심이 급격히 확산되고 있다.

(1) 적극행정 개념의 등장

적극행정 운영규정에 의하면 대한민국 정부는 적극행정의 개념을 국민의 삶과 다양한 민생현장에서 일어나고 있는 많은 문제를 '공무원이 공공의 이익을 위해 창의성과 전문성을 바탕으로 능동적·적극적으로 처리하는 행위'로 정의하고 있음을 알 수 있다. 적극행정은 기본적으로 공무원 개인의 업무처리 태도에 초점을 두는 개념이다. 공무원이 상관의 지시만을 기계적으로 따라 단순 업무처리에 만족하기보다, 공무원은 스스로 담당 업무의 문제점을 발견하고 이의 개선을 위해 능동적으로 노력해야 한다는 것이다(경기연구원 2016, 10).

적극행정 개념에서는 공적 업무처리과정에서 '절차적 정당성', '실체적 공익'을 추구하는 활동으로서 행정행위, 그리고 행정행위의 주체인 관료들의 '진취성(proactiveness)' 등이 중요한 개념요소로 거론되고 있다(김윤권 외 2019, 56).

(2) 적극행정에 대한 오해

실제 업무에 임하는 공직자들과 해당 공공조직들이 적극적 행정처리과정에서 발생할 수 있는 불의의 리스크를 의식하지 않을 수 없다. 특히 공공부문 종사자들이 '적극행정'에 대해 다음과 같이 과도한 부담, 편견, 오해를 가지고 접근하는 경우가 빈번하며 대표적으로 다음과 같은 오해가 자주 발생한다.

■ 오해 1: 적극행정은 대형 국익사업이나 정책난제를 해결하기 위해 필요하다?

일선 현장의 공무원, 공공기관 조직원들을 만나보면, 적극행정의 개념을 매우 어려운 정책적 난제를 해결하기 위한 혁신이나 대안도출로 이해하는 경우가 빈번하다. 가시적이고 큰 범위의 국익제고 사업이나 거창한 정책적 문제를 해결하기 위한 창의적, 전문적 해결방안이나 노력으로 이해하기 쉬운 것이다. 이 경우 조직원들의 부담은 매우 커지며, 가시적 성과를 찾기 위해 '보여주기식' 적극행정 사례를 양산하고자 노력하기 쉽다. 적극행정을 실행하기 위해 항상 '새롭고 창의적', '혁신적' 아이디어가 필요한 것은 아니다. 공직자가 가진 역량과 자원, 제도적 허용범위 안에서, 일상적 업무 범위 안에서라도 국민이 필요로 하는 것이 무엇인지 '역지사지'의 관점으로 바라볼 때 적극행정의 첫걸음이 시작된다.

■ 오해 2: 적극행정은 업무과정에서 감사, 징계 또는 민원발생 여지가 큰 과제만 대상이 된다?

이는 소극행정을 민원처리, 비리, 부패 등의 관점에서 제한적으로 이해할 때 발생하는 오해이다. 적극행정을 제대로 이해하기 위해서는 '소극행정'이 무엇인지 정확히 이해해야 할 필요가 있다. 사실 소극행정은 오히려 명확하게 감사, 징계, 처벌, 민원발생이 두드러지기에는 모호한 영역에서 자주 일어난다. "해야 할 일을 하지 않거나 할 수 있는 일을 하지 않아서 국민 생활과 기업 활동에 불편을 주거나 권익을 침해하는 업무 행태[31]"를 소극행정이라 정의하지만, 실제 일선에서 '해야 할 일·할 수 있는 일을 하지 않았다'의 기준이 모호하기 때문에 징계나 민원이 발생하지 않는 소극행정의 경우가 매우 빈번하다. 업무의 전 영역에서 '적당편의주의', '탁상행정', '공권력의 부당한 행사' 등이 관행적으로 일어나지 않는지 전사적으로 돌아볼 수 있도록 조직 전반의 '공직문화 패러다임' 전환이 필요하다.

■ 오해 3: 국민 편익 관점에서 긍정적 효과가 나타나야만 적극행
   정으로 인정받는다?

적극행정의 자세로 공직자가 임무를 처리했지만 모든 결과가 긍정적으로 나타날 수는 없다. 특히 공직자가 공익을 위해 적극행정을 실현하는 과정에서 피치 못할 사정으로 부분적인 규정 생략 등의 문제가 발생할 경우가 있다. 그나마 결과가 긍정적이면 해당 공직자에 대한 비난이나 책임해명 요구가 어느 정도 수그러들 수 있지만, 결과가 미흡할 경우 매우 곤란한 상황에 처할 수 있다. 따라서 적극행정을 실현하기 위해서는 결과보다 과정을 중요시하고 가시적 성과보다 문제해결에 임하는 태도를 중요시하는 공직문화 및 제도적 배경이 필요하다. '적극행정면책제도'[32]는 이러한 관점에서 적극행정 정책의 성패를 좌우하는 제도라 할 수 있다. 실제 업무현장에서 '적극행정'의 의도와 과정이 적절하였다면, 다시 말해 행위의 공익성, 타당성, 투명

---

31 국민신문고, https://www.epeople.go.kr/nep/pttn/negativePttn/NegativePttnCotents.npaid.
    2021.05.21 검색.

32 공무원 등이 공익을 증진하기 위해 성실하고 능동적으로 업무를 처리하는 과정에서 부분적인 절차상
    하자 등의 부작용이 발생하였더라도 일정한 요건을 충족하는 경우 관련 공직자 등에 대하여 불이익한
    처분요구 등을 하지 않거나 감경하는 제도로, 「경기도 공무원 등 적극행정 면책 및 경고 등 처분에 관
    한 규정」('14.6.10 일부 개정); 경기도청, https://www.gg.go.kr/gg_thanks/thanks-institution-002.
    2021.05.21 검색.

성이 인정된다면 규정 미준수에 대한 면책이 보장되어야 하는 것이다. 이미 면책제도가 실행되고 있지만 현장에서 이를 어느 정도로 적용하는가는 개별 조직의 '적극행정' 실행 의지에 따라 큰 차이가 발생할 수밖에 없다.

(3) 적극 · 소극행정 행동 유형

오늘날 대한민국 공공부문 조직들은 '적극행정'의 중요성을 인식하고 각 조직원들이 국민을 위해 '공익'을 실현하고 기업이나 국민이 겪는 애로사항에 대해 전문성을 가지고 창의적 · 능동적으로 임하도록 요구되고 있다. 물론 이러한 과정에서 공직자들이 창의적 해결방안을 찾아내는데 부담을 느낄 수도 있고 실제 어떤 행위가 '적극적'인지 아니면 '소극적'인지 분간하기 어려울 수 있다. 따라서 우선적으로 적극행정의 업무처리 행위가 무엇인지, 그리고 이에 더불어 소극행정의 업무처리 행위는 어떠한 양태로 나타나는지를 이해할 필요가 있다.

적극적인 업무처리 행위의 유사개념은 선제적 행동(proactive behavior), 긍정조직행동(positive organizational behavior) 등이 있으며 반대개념으로 '소극행정', '무사안일' 등이 대표적이다(경기연구원 2016, 12-18). 적극행위를 판단하는 기준은 "평균적인 공무원에게 통상 요구되는 정도의 노력 이상을 기울여야 하는 상황인가?"이며 이를 판단하는 과정에서 행위 당시의 업무여건 및 가용자원이 입체적으로 고려되어야 한다. 또한 행위의 결과가 아닌 행위 자체를 기준으로 판단해야 할 필요가 있다(차경엽 2011; 경기연구원 2016 재인용).

그렇다면 적극행정과 소극행정은 일선 공공업무 현장에서 주로 어떠한 행태적 유형으로 나타나고 있는가?

소극행정 유형

소극행정은 "지금 처리하기는 귀찮아.", "나의 책임소관도 아닌 일이 잖아.", "열심히 처리해도 나에게 무슨 유익이 있나?", "실패해서 문책을 당하면 나만 손해다."라는 생각들로 인해 나타나기 쉽다. 소극행정의 대표적 행위유형은 다음과 같이 요약될 수 있다.[33]

- 적당편의: 문제해결을 위해 노력하지 않고, 적당히 형식만 갖추어 부실하게 처리하는 행태
- 업무해태: 합리적인 이유 없이 주어진 업무를 게을리 하거나 불이행하는 행태
- 탁상행정: 법령이나 지침 등의 변화에도 불구하고 과거 규정에 따라 업무를 처리하거나, 기존의 불합리한 업무관행을 그대로 답습하는 행태
- 관중심 행정: 직무권한을 이용해 부당하게 업무를 처리하거나, 국민 편익을 위해서가 아닌 자신의 조직이나 이익만을 중시해 자의적으로 처리하는 행태

이는 공직자 개개인의 행태문제일 수도 있지만, 적극행정을 저해하는 조직문화(실패를 용서하지 않거나 조직 내 업무분담이나 의사소통체계가 불분명·불합리한 경우, 무사안일만을 바라는 상관의 인식 등)에 기인하기도 한다.

적극행정 유형

적극행정을 실현하기 위해서는 "기존 처리방식으로 해결할 수 없다면 또 다른 해결방안이 없을까?", "국민의 입장이라면 어떨까?" 등의

---

33 다음 제시된 소극행정 행태유형은 대한민국 정책브리핑 홈페이지를 참조하여 작성하였으며, 대한민국 정책브리핑, https://www.korea.kr/special/policyCurationView.do?newsId=148867742, 2021.05.21 검색.

공감, 주도적 사고방식이 뒷받침되어야 한다. 이 또한 개개인의 인식전환도 중요하지만 공직문화, 조직경영의 전반적 패러다임 변화가 뒷받침되어야 정착될 수 있다. 적극행정의 대표적 행위유형은 다음과 같이 요약될 수 있다.[34]

- 통상적으로 요구되는 정도의 노력이나 주의의무 이상을 기울여 맡은 바 임무를 최선을 다해 수행하는 행위
- 업무관행을 반복하지 않고 가능한 최선의 방법을 찾아 업무를 처리하는 행위
- 새로운 행정수요나 환경 변화에 선제적으로 대응해 새로운 정책을 발굴·추진하는 행위
- 이해충돌이 있는 상황에서 적극적인 이해조정 등을 통해 업무를 처리하는 행위
- 불합리한 규정과 절차, 관행을 스스로 개선하는 행위
- 신기술 발전 등 환경변화에 맞게 규정을 적극적으로 해석·적용하는 행위
- 규정과 절차가 마련돼 있지 않지만 가능한 해결방안을 모색해 업무를 추진하는 행위

2) '적극행정'의 제도화 및 추진방향

(1) 적극행정문화 확산을 위한 제도적 노력

오늘날 대한민국 공공부문 조직들은 '적극행정'의 중요성을 인식하고 있으며, 기업이나 국민이 겪는 애로사항에 대해 전문성을 가지

---

[34] 다음 제시된 적극행정 행태유형은 대한민국 정책브리핑 홈페이지를 참조하여 작성하였다. 앞의 웹페이지(주 33).

고 창의적·능동적으로 임하기 위해 노력하고 있다. 물론 이러한 과정에서 공직자들이 창의적 해결방안을 찾아내는 데 부담을 느낄 수도 있고, 아무리 면책제도가 운영되고 있지만, 적극적 행정처리 과정에서 발생할 수 있는 위험을 의식하지 않을 수 없다. 무엇보다 적극행정과 소극행정의 행위유형이나 원인을 이론적으로 이해할 수는 있지만 이를 공직사회 조직문화에 내재화하는 일은 전혀 다른 차원의 문제이다. 이러한 내재화 과정을 저해하는 걸림돌로 흔히 "기관장 관심 부족", "적극행정 권장 문화 미정착", "개인 책임 귀속", "감사·징계 두려움", "합당한 평가·보상 미흡"(Expert Consulting 2019) 등의 문제가 제기되고 있다. 이는 개개인의 행태 개선만으로 해결하기 어려운 조직적·사회문화적·제도적 요인들이기도 하다. 다시 말해 적극행정을 촉발 혹은 저해하는 원인을 개인의 특성에서도 찾을 수 있지만, 조직 구조적 요인, 리더십 요인, 조직문화요인, 사회화 자원 요인 등을 배제하기는 어렵다는 것이다(하미승 2015, 82–84; 경기연구원 2017, 21 재인용).

- 개인적 요인: 조직구성원이 조직 내 위상(직책이나 위상, 경력, 연령 등) 및 개인적 성향이나 성장배경
- 조직 구조적 특징: 조직이 직무책임, 업무절차, 하위부서 구성 등의 업무진행 메커니즘의 특성. 자율적인지 억압적인지, 임무, 책임소재, 성과평가 등을 얼마나 명확·공정·일관성 있게 운영하는지 등
- 리더십 요인: 조직원에 대한 배려, 유머 및 지적 자극이 가능한 '변혁적 리더십'이 제시될 때 조직원들의 복원력(resilience, 실패나 좌절감에서 회복하는 역량) 및 책임성, 자기효능감 등에 긍정적 영향을 미쳐 적극행정이 가능해짐
- 조직문화 요인: 구성원 간 관계문화(인간적 분위기, 상호 협력 및 헌

신), 성취문화(과업성취 강조, 생산지향성, 조직발전을 위한 몰입도 등) 등
• 사회화 자원 요인: 구성원을 위한 안내, 지도, 교육의 수준, 구성원의 애로사항이나 문제점들을 경청하는 조직 내 분위기 및 제도 (상담, 격려, 고충처리제도 등)

결국 국가적으로 적극행정 패러다임을 확산하고자 한다면, 공공부문 종사자들의 개별교육뿐 아니라 법제도적 환경, 각 조직별 기관장 리더십의 변화, 조직 운영전략 및 성과관리체계의 전환 등이 총체적 변화가 필요한 것이다.

우리나라 공직사회에서도 제도적·조직문화적 관점에서 '적극행정'의 개념을 체계적으로 공공행정조직에 적용하기 시작하였다. 가장 최초의 시도는 2009년 감사원의 적극행정 면책제도 도입이라 할 수 있다. 이러한 변화에 따라 관련 각 부처에서도 적극행정을 유도·지원하기 위한 제도와 정책을 운영하였으나, 감사·징계에 대한 두려움, 기관장의 관심 부족, 경직된 조직문화, 합당한 보상체계의 미흡 등 공무원 개인이 져야 할 부담과 불이익 때문에 제도정착 및 확산이 어려운 상태였다.[35]

(2) 적극행정 추진과제

정부는 2019년 5월부터 적극행정 활성화를 위한 제도적 보완대책을 구축하고자 노력하였는데, 국민과 기업이 현장에서 느끼는 어려움을 신속히 해결하고 불합리한 관행과 제도를 과감히 개선하기 위해 마련된 '적극행정 운영규정'과 '적극행정 운영지침'이 바로 그 성과라

---

35 대한민국 정책브리핑, 앞의 웹페이지(주 33).

할 수 있다.[36] 특히 대통령령으로 제정된 적극행정운영규정은 현재 대한민국 공공부문 적극행정의 가장 중요한 법제도적 토대라 할 수 있다.

법제도적 보완을 필두로 '적극행정 추진과제'가 설정되었다. 대한 민국 국무조정실은 2019년 6월 국가의 공공부문 전반에 적용할 수 있 는 포괄적 관점(개인, 조직, 제도, 사회문화 요인을 모두 포괄)의 적극행정 추진체계를 구축하였다. 해당 추진체계의 방향성은 다음과 같이 4가 지로 요약된다.[37]

- 기관장 책임 강화: 적극행정 문화조성을 위해 기관장의 역할과 책임을 강화함. 특히 지자체의 경우 매년 기관장의 적극행정 노 력을 평가하고 '적극행정 실행계획'을 수립하도록 함. 적극행정 운영규정(대통령령)을 2019년 8월 제정하여 정부의 중점 정책으로 관리함. 다시 말해 적극행정을 개별 공직자 수준에서 공공부문 조직 전반의 구조적 차원의 문제로 패러다임 전환

- 면책보호: 공무원이 적극행정을 펼치다가 불이익을 받지 않도록 감사원과 함께 면책 · 지원 등을 강화함. 고의나 중과실이 없는 적극행정 결과는 면책을 인정하고 현장 공직자 애로사항을 해결 할 수 있는 '현장 면책창구' 운영. 사전컨설팅 제도를 모든 중앙 행정기관으로 확산하고 개임책임을 완화하며 법률전문가를 지원 하도록 함

- 소극행정 혁파: 국민신문고 내에 소극행정 신고센터를 개설하 고, 소극행정 시 감사부서에서 즉시 조사하고 징계사례를 공유해 예방교육 강화. 관계부처 합동으로 소극행정 특별점검반을 운영

---

36 대한민국 정책브리핑, 앞의 웹페이지(주 33).

37 법제처, https://www.moleg.go.kr/board.es;jsessionid=pM9UA8jWu1fZ7QU056kNV0ZA.mo_usr20? mid=a10608010000&bid=0052&act=view&list_no=89177, 2021.05.21 검색.

하여 악성사례 엄정 조치
- 현장과 소통하는 적극행정 문화 확산 및 보상 확대: 기관에서 반기별 적극행정 우수 공무원을 선발하고 공적에 상응한 인사상 혜택(인센티브)을 부여

이러한 추진체계를 반영하여 중앙행정기관 및 지방자치단체들은 자신만의 '적극행정 실행계획'을 수립하고 정부의 적극행정 운영규정 제정에 부합하도록 조직의 내부운영 규정 등을 개선하고 각자의 상황에 적합한 적극행정 활성화 전략을 추진하고 있다.

다음 그림은 서울특별시가 2020년도 수립한 적극행정 실행계획으로 정부의 적극행정 규정과 추진과제 방향성을 자체적으로 재해석하여 새로운 비전체계와 실행계획을 제시하고 있다.

서울시의 경우 적극행정 비전이 전사적 관점에서 조직에 내재화될 수 있도록 일단 조직체계의 관점에서 고도화를 추진하고 있다. 이를 위해 적극행정 전담부서 및 지원위원회를 운영하고 있다. 또한 일선 공무원들의 부담 저감 및 동기부여를 위해 지원제도와 우수사례 포상 및 확산방안을 개선하고 있다. 특히 교육, 홍보 역량을 강화하고 소극행정 예방을 위한 시스템을 구축하여 공직문화의 근원적 변화를 추구하고 있다.

그림 18   2020년 서울특별시 적극행정 실행계획 추진방향 및 과제

비전

시민의 삶이 행복한 적극행정 특별시 구현

추진전략

| 추진체계 고도화 | 적극행정 공무원 보호 및 지원 | 적극행정 공무원 우대 | 행동하는 공직문화 조성 |

추진과제

체계 고도화	보호 및 지원	공무원 우대	공직문화 조성
• 적극행정 전담부서 신설 • 적극행정 지원위원회 운영 • 적극행정 협업체계 확산 • 적극행정 법제 지원	• 실무자의 의사결정 부담 완화 • 사전컨설팅 제도 운영 활성화 • 적극행정 면책제도 활성화 • 적극행정 공무원 지원	• 적극행정 우수공무원 선정 및 인센티브 부여 • 적극행정 우수사례 경진대회	• 적극행정 상시교육체계 구축 • 적극행정 홍보 다각화 • 소극행정 예방시스템 구축

자료: 서울특별시, https://news.seoul.go.kr/gov/positive_admin_plan, 2021.05.21 검색.

주요 체크포인트

▶ **대한민국 정부의 새로운 지향점, 사회적 가치**
  - 문재인정부의 출범과 함께 사회적 가치는 국정방향과 공공부분 운영에 적극적으로 반영되고 있음
  - 사회적 가치 기본법 제정 노력, 공공기관 경영실적평가에 사회적 가치 배점 향상, 지자체 우수사례 포상 등 일선 현장의 사회적 가치 실현을 위한 동기부여 방안, 제도적 여건 조성 등이 이행되고 있음

▶ **우리나라 공공부문을 대상으로 적극행정 실현을 위한 제도적 근거 및 추진체계가 고도화되고 있음**
  - 적극행정은 소극행정과 반대되는 개념으로 "공무원이 공공의 이익을 위해 창의성과 전문성을 바탕으로 능동적·적극적으로 처리하는 행위"로 이해되고 있음
  - 2019년 적극행정 운영규정이 제정되면서 적극행정 실현을 위한 추진과제가 제시되고 제도적 여건이 개선되고 있음

03 포스트코로나 시대와 공공부문

1. 위기의 시대, 정부의 역할은 무엇인가

오늘날 코로나19 감염병으로 인한 팬데믹은 우리가 살아가는 삶의 모든 영역, 즉 정치, 경제, 사회 모든 부문에서 돌이킬 수 없는 변화를 유발하고 있다. 혼란과 어려움의 시대에 국민들의 일상과 생계가 위협받고 있으며 국가산업구조, 미래 세대의 건강과 교육, 더 나아가 사회구성원들의 기본적인 소통방식까지 변화가 발생하면서 '포스트 코로나' 시대는 지금까지 겪어보지 않은 '뉴노멀'의 시대가 될 것이라는 예측이 주류를 이루고 있다.

특히 국민의 생명과 안정된 삶을 책임지고 보호해야 할 공공부문의 역할이 코로나19로 인해 그 어느 때보다 중요해진 것이다. 국가 간 이동이 극소화되고 각국 정부가 보유한 통치역량에 따라 국민의 생명과 생계가 직접적인 영향을 받게 되면서 "큰 정부", "스마트 정부"의 역량이 크게 주목받게 된 것이다.[38] 게다가 무너져 가는 소상공인과 중소기업, 극도로 축소된 대외교역, 관광업, 문화계 등 국가 산업현장들이 붕괴위험을 겪게 되었고 정부가 국민의 기본 생계유지를 명목으로 현금, 수표, 상품권을 직접 지급하는 등 정부가 직접 나서서 적극적인 금융정책을 실행할 수밖에 없는 처지가 되었다.[39]

---

38 문화일보, http://www.munhwa.com/news/view.html?no=2020050401031442000001, 2021.05.21 검색.

39 문화일보, 앞의 웹페이지(주 38).

이러한 과정에서 팬데믹 위기를 극복하고 포스트코로나 시대를 대비하기 위해, 대한민국 정부는 하나의 통합된 국가비전 아래 '큰 정부', '스마트한 정부'의 역할을 수행하도록 요구되고 있다. "신자유주의 시대의 작은 국가 개념을 넘어 시대변화에 대응한 국가의 기능과 역할, 규모에 대한 대안"[40]의 필요성이 강조되는 것이다.

물론 '큰 정부'의 개념이 일방적인 정부의 역할 및 공공재정 확대에 머물러서는 안 된다. 정부는 다양한 의견과 관점을 가진 국민들과 소통협력하고, 사회 소외계층을 서로 배려하는 공동체 의식을 강조해야 한다. 또한 아무리 감염병 위기의 시대이지만 지속가능한 미래를 위해 기후위기와 에너지 전환시대 대응목표도 소홀히 할 수 없다. 다시 말해 앞서 강조한 'ESG'혁신, 지속가능경영, 사회적 가치 등의 전환적 패러다임이 그 어느 때보다 절실히 필요한 것이다.

대한민국 정부도 직접적인 보건 및 방역대책, 범국가적 '재난지원금' 및 소상공인·중소기업 지원 등 다양한 위기대응용 금융대책을 지속적으로 실행하고 있는 상황이다. 또한 다가오는 '포스트 코로나 시대'를 위해 2020년 중반부터 '한국판 뉴딜', '지역균형 뉴딜' 정책을 발표한 바 있다.

이러한 상황에서 대한민국 공공부문의 각 조직들은 자신들의 기존 임무를 수행하는 가운데에도 '코로나 대응대책', '한국판 뉴딜', '지역균형 뉴딜'의 비전이 정교하게 조직전략과 성과관리체계에 내재화될 수 있도록 노력하여야 한다.

이미 2020년부터 수많은 부처조직, 공공기관들과 지방정부들은 조직운영 및 성과관리 과정에서 감염병에 대응하고 재난상황에 빠진 국민들을 지원할 대책을 실천하고 있다. 또한 개별 전략체계와 사업계

---

40 대통령직속위원회 세미나 "포스트코로나 시대 국가의 역할 변화", 최민희 정책기획위원회 국민주권분과 부위원장 환영사(2020) 인용.

획 안에 '한국판 뉴딜', '지역균형 뉴딜' 등의 포스트코로나 국가비전을 반영한 대책을 수립하여 추진 중에 있다.

다만 전 세계가 겪고 있는 전대미문의 위기 앞에서 정부조직들 또한 팬데믹 기간이 언제까지 지속될지 아무도 모르는 상황이며, 다가올 포스트코로나 시대를 대비하는 과정에서도 사실 명확한 단기과제와 중장기 목표를 가늠하기 어려운 상황이다. 다시 말해 현재 대부분의 공공부문 조직들이 각기 '위드 코로나', '포스트코로나' 대책들을 수립하고 있지만 전대미문의 '불확실성의 시대'에 지속가능하고 효율적인 전략과 성과관리체계를 운영하는 것은 쉬운 일이 아니며, 끊임없는 시행착오와 계획변경이 수반될 수밖에 없다. 이러한 관점에서 공공부문 조직의 구성원들은 포스트코로나 시대의 국정방향, 즉 한국판 뉴딜의 목표와 과제들을 일단 명확하게 이해할 필요가 있다.

2. 한국판 뉴딜과 지역균형 뉴딜 정책의 이해

1) 세계적 트렌드 뉴딜?

'뉴딜(new deal)'이라는 용어는 1929년 미국 증시 대폭락에서 촉발되어 전 세계적으로 확산된 경제위기, 즉 세계대공황 시대에 등장하였다. 당시 미국 루즈벨트 대통령이 이끄는 연방정부 주도로 금융 및 산업구조 대개혁, 다목적 댐 등 대규모 인프라 건설사업, 빈곤층 지원 확대 등의 정책이 추진되었고, 이를 통해 국민들에게 일자리, 일거리를 제공하여 경제위기를 극복하도록 하였다는 것은 이미 잘 알려진 역사적 사실이다.[41]

---

41 대한민국 정책브리핑, https://www.korea.kr/special/policyFocusView.do?newsId=65077029&
    pkgId=27 , 2021.05.22 검색.

팬데믹의 위기 속에서 전 세계적으로 각국 정부들은 공공투자 확대를 약속하고 자신만의 '뉴딜'정책을 발표하며 '강하고 큰 정부'의 리더십을 강조하고 있다.

(1) 미국의 위기 대응 경기부양책

미국은 코로나19 최대 피해국 중 하나로, 위기극복을 위해 연이어 수천 조 규모의 자금을 재난대응과 경기회복을 위해 풀고 있다. 대표적으로 일명 'CARES법(Coronavirus Aid, Relief and Economic Security Act, 코로나19 보조구호 및 경제부장법)'이라 불리는 2조 2,000억 달러 규모의 경기부양법을 통해 실업자 소득보전, 기업대출(고용유지 목적)지원, 세액감면 등의 정책을 추진하고 있다(KOTRA 2020). CARES법에 의한 1차 경기부양책이 2020년 연말 종료되면서, 2차 긴급 지원안(코로나19 피해 저소득층 주거안정 자금, 에너지 지원 자금, 노년층 주거대책 자금 등이 포함)이 12월에 통과되었다(김태근 2021). 이후 2021년 3월 바이든 정부의 1호 입법안인 'ARP법(American Rescue Plan Act, 미국구조계획법)'이라 불리는 1조 9,000억 달러 규모의 3차 경기부양법이 통과되었다(김태근 2021).

미국 연방정부의 경우 과거 뉴딜정책(산업 촉진을 통한 경기부양책)의 유형보다 '현금지급'을 통한 가계·기업안정 및 침체된 소비심리 회복을 통한 내수활성화를 중심으로 정책방향을 설정하였다.

(2) 프랑스의 경기부양책 "France Relance"[42]

2020년 유럽연합에서 코로나 19의 최대 피해국가 중 하나인 프랑

---

42 France Relance(프랑스 정부종합포털)의 웹사이트를 기반으로 작성하였으며 France Relance, https://www.gouvernement.fr/france-relance, 2021.05.21 검색.

스에서도, 중앙정부 주도로 2020년 9월 국가 경제·사회·환경생태적 재건을 위한 10년 로드맵 "France Relance(프랑스 재도약)"계획이 발표되었다. 프랑스 중앙정부는 유럽연합과 공동으로 100억 유로 규모의 공공재원을 투입하여 해당 중장기 경기부응대책을 추진하고 있다. '프랑스 재도약 계획'은 긴급한 구조와 안정을 위해 현금성 지원정책을 추진하는 미국과 상당히 다른 성격의 정책으로, 기후위기 대응을 위한 생태적 전환과 미래 세대를 위한 기회창출, 취약 지역사회 활성화 등을 핵심목표로 설정하고 있다. 프랑스 재도약 계획의 3대 목표는 '생태, 경쟁력, 사회결속'이며, 이러한 목표를 위한 지원대책의 범주는 다음과 같다.

- 청년고용 및 기술교육 지원
- 취약지역 청소년 교육 및 사회화 지원
- 문화교육 지원
- 공공복무(service civique)제도를 활용한 청년 일자리 제공
- 항공업, 제조업, 식품제조업, 자동차산업, 지역산업 기금조성 및 회복 지원
- 프랑스 전역의 대성당 방재인프라 지원 및 복원
- 디지털 인프라 구축
- 그린리모델링(공공건물) 지원
- 환경보호지역, 해안지역 보호대책 강화 등

프랑스 재도약 계획은 공모사업 형태로 추진되며 세부 사업별로 지원자격(개인, 중앙부처 조직, 지자체, 기업 등)이 정해져 있으며, 'Plan de Relance(재도약 계획)'이라는 정부 포털을 통해 신청할 수 있다.

2) 한국판 뉴딜 종합계획

대한민국 정부는 팬데믹으로 인한 국가적 침체와 위기를 극복하고, 뉴노멀 시대의 극적인 사회변화에 대응하고자 '한국판 뉴딜'이라는 경기부양 및 사회회복 정책을 수립하였다. 한국판 뉴딜 정책은 2025년까지 '디지털 뉴딜, 그린 뉴딜, 안전망 강화'라는 3대 정책방향을 기반으로 약 160조 원의 투자 및 190만 개의 일자리 창출을 목표로 설정하고 있다.

2020년 7월 14일 발표된 「한국판 뉴딜 종합계획」(이하 뉴딜계획)에서 제시하는 계획의 추진배경, 구조, 주요 추진전략 등은 다음과 같이 요약된다(관계부처합동 2020).

(1) 추진배경 및 비전체계

뉴딜계획을 통해 정부는 팬데믹 이전부터 우리 경제의 위기요인이라 할 수 있는 '저성장·양극화 심화' 및 '감염병 대응과정에서 발생하는 대량실직, 자영업 위기, 수출타격, 문화관광산업 위축 등의 경제위기'에 대응하여 코로나19 상황을 오히려 경제패러다임 전환기회로 설정하였다. 또한 비대면 수요 급증으로 인해 디지털 기반의 4차 산업혁명 가속화, 기후위기와 이로 인한 대규모 감염병 재발의 위험도 상승으로 인해 저탄소·친환경 경제에 대한 요구가 증대하고 있다. 결국 코로나19 감염병 사태를 통해 우리나라 경제사회적 전환이 시급하다는 사실이 부각되었고 이러한 배경 안에서 위기대응 및 국가경제 대전환 전략을 포함하는 한국판 뉴딜 계획이 추진되었다.

뉴딜계획의 비전은 "선도국가로 도약하는 대한민국 대전환"으로 설정되었고, 특히 "추격형 경제에서 선도형 경제로", "탄소의존 경제에서 저탄소 경제로", "불평등사회에서 포용경제로" 등의 국가의 경제 · 환경 · 사회 패러다임 전환을 추구하고 있다. 이와 같이 뉴딜계획 비전에서 강조되는 "선도", "저탄소", "포용"의 키워드는 뉴딜계획 3대 정책방향(지향점)에 연계되면서 28대 추진과제까지 다음 그림과 같이 반영되고 있다.

그림 19   한국판 뉴딜의 구조

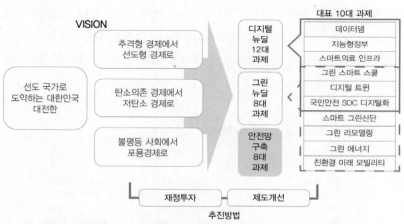

출처: 관계부처합동, 한국판 뉴딜 종합계획(2020a), 15면 수정 인용.

선도경제의 비전달성을 위해 '디지털 뉴딜'이라는 방향성이 설정되었고, 12개 추진과제가 비전 실현을 위한 전략과제로 제시되고 있다. 저탄소 경제 비전의 경우 '그린 뉴딜' 및 8개 추진과제, 포용경제의 경우 '안전망 구축' 및 8개 추진과제가 제시되고 있다. 이와 같은 28개 추진과제 중에서도 10개의 선도적이고 파급력이 큰 디지털, 그린 뉴딜 과제(그림 19 참조)를 '10大 대표과제'로 선정하여 변화와 파급효과를 불러올 초기 구심점으로 활용하였다.

(2) 추진방안

한국판 뉴딜 계획을 실현할 추진방안으로 신시장 및 수요를 창출할 마중물이 될 '재정투자계획' 및 민간혁신 투자를 촉진하기 위한 '제도개선방안'도 함께 제시되었다.

재정투자계획 및 재원확보 방안

한국판 뉴딜 실현을 위해 정부는 2025년까지 국비 114.1조원 수준의 재원을 순차적으로 투입하도록 하였고, 재정투자계획을 수립하여 2020-2025년 기간 동안 3단계로 실행될 투자전략을 마련하였다(그림 20 참조).

그림 20   한국판 뉴딜 3단계 투자전략

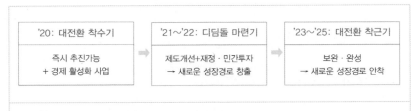

출처: 한국판 뉴딜 종합계획(2020a), 17면 수정 인용.

뉴딜 종합계획에 의하면, 정부는 국비투입(114.1조원)에 연계하여 지방비 25.2조원, 민간자금 20.7조원을 확보하여 160조원 규모의 재원을 마련한다는 계획이다.

특히 민간자금 확보 전략 중 하나로 민간의 유동성 높은 투자자금을 유치하기 위한 '국민참여형 한국판 뉴딜펀드 조성' 전략을 제시하였다. 한국판 뉴딜 펀드는 총 3가지 형태로 조성된다.[43]

- 정책형 펀드: 정부가 3조원, 정책금융기관이 4조원을 출자해 모펀드를 조성한 후 모펀드 출자와 민간 매칭을 통해 20조원 규모의 자펀드를 만드는 방식으로 운영
- 인프라펀드: 민간 금융기관과 연기금 등이 조성하는 인프라 산업 투자용 펀드
- 민간 펀드: 일반 증권사, 자산운용사 등이 자유롭게 조성하는 펀드

3가지 펀드 모두 일반 국민들의 투자가 가능하며, 투자대상은 한국판 뉴딜추진계획을 통해 발표된 디지털·그린뉴딜 기업과 벤처기업 등이다.

제도개선

조속한 디지털·그린경제로의 전환을 위해 국가적으로 유연하고 불필요한 규제를 개선할 수 있는 제도적 기반이 마련되어야 한다. 정부는 2020년 뉴딜계획 출범초기부터 '한국판 뉴딜 법·제도개혁 TF'를 구축하였다.[44] 또한 국회는 뉴딜계획 추진의 제도적 기반을 마련하기 위해 이미 2020년 중 10대 미래입법과제를 선정하였고, 산업현장에서 240개의 제도개선과제를 발굴하여 2020년 동안 191개 과제(금융사 재택근무 규제개선, 관리감독자 집체교육의무 완화 등 제도개선)를 추진하고 있는 상황이다.[45]

---

43 한국경제, https://www.hankyung.com/economy/article/202009043439i, 2021.05.21 검색.

44 파이낸셜신문, http://www.efnews.co.kr/news/articleView.html?idxno=86223, 2021.05.21 검색.

45 2020년 말 기준 민원처리법, 감염병예방법, 고용보험법, 조세특례제한법, 산업집적법 등 15개 법률

무엇보다 4차산업혁명 시대에 선도경제목표를 달성하기 위해, 투자자의 관점에서 뉴딜 분야별 제도적 문제점을 점검하고 AI규제 혁신, 신산업 규제정비 기본계획, 친환경 자동차법 개정 등 다양한 영역에서 제도혁신을 위한 논의[46]가 진행되고 있다.

추진체계

모든 전략계획이 동일하지만, 한국판 뉴딜 계획 또한 비전체계와 과제설정, 재원 및 제도적 여건 마련도 중요하지만, 실질적인 추진력을 담보할 수 있도록 실효성 있는 '계획추진을 위한 조직체계'가 갖추어지지 않으면 목표달성에 어려움을 겪을 수 있다. 한국판 뉴딜종합계획에 의하면 뉴딜 추진체계는 다음과 같이 구성된다.

- 한국판 뉴딜 전략회의: 범국가적 추진력이 필요한 계획이므로 국가의 수반인 대통령을 중심으로 한국판 뉴딜 계획 추진체계가 구축되어야 함. 대통령이 주재하는 한국판 뉴딜 전략회의를 통해 주요 사안을 결정함
- 뉴딜 당정 추진본부: 경제부총리 및 당 정책위의장이 공동위원장을 담당하는 뉴딜 당정 추진본부가 구축되어 당정 협업형의 논의 구조를 구축
- 한국판 뉴딜 관계장관회의(주재: 경제부총리) 및 당 K-뉴딜위 총괄본부(본부장: 국회 정책위의장): 관계장관회의와 총괄본부를 통해 행정부와 여당은 각기 디지털뉴딜, 그린뉴딜, 안전망강화 부문에서 각자의 역할을 수행하고 추진본부를 통해 협업할 수 있음
- 실무지원단: 기획재정부에 설치하여 관련 업무의 원활한 진행을 책임지게 됨

입법 완료(내 삶을 바꾸는 2021년 한국판 뉴딜 추진계획, 2021 참고)

46 KDI 경제정보센터, https://eiec.kdi.re.kr/policy/materialView.do?num=208541&topic=, 2021.05.21 검색.

그림 21   한국판 뉴딜 추진체계

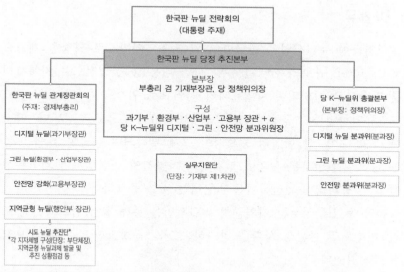

자료: 대한민국 정책브리핑, 2021.05.21 검색.

단, 한국판 뉴딜 추진체계의 핵심은 당정 추진본부에 지방자치단체의 참여가 이루어지지 않으며 지역의 목소리를 대변하기 어려운 구조로 추진체계가 이루어졌다는 시각도 적지 않다. 뉴딜 사업의 상당부분이 '지역 기반'으로 이루어지며 지방비 매칭사업의 비중도 상당하다.

포스트코로나 시대를 대변하는 뉴딜 비전 안에서 이러한 '지역의 중요성'을 감안하고 지속가능한 지역균형발전 목표를 달성하기 위해 2020년 11월 정부는 한국판 뉴딜계획과 긴밀하게 연계된 지역균형 뉴딜 계획을 발표하였다.

3) 지역균형 뉴딜

(1) 개요[47]

지역균형 뉴딜사업은 한국판 뉴딜을 지역기반으로 확장한 개념으로서, 160조 규모의 한국판 뉴딜 사업 내용 중 실질적으로 지역사회를 기반으로 실행되며 사업효과가 지역으로 귀착될 수 있는 디지털, 그린뉴딜사업들의 규모가 75.3조 원(약 47%) 수준으로 추정된다. 따라서 중앙-지방 간 협업의 중요성이 크게 부각되며 한국판 뉴딜을 통한 직접적인 정부투자 외에도 지역의 자발적인 혁신투자와 지역특성에 맞는 창의적인 뉴딜사업을 발굴하는 것이 중요하다.

이와 동시에 정부는 지역균형 뉴딜사업을 통해 점점 심화되는 수도권-비수도권 불균형 상황을 완화하는 '국가균형발전'의 기회를 모색하고자 하였다.

2020년 10월 정부가 발표한 지역균형 뉴딜 추진방안에 의하면 지역균형 뉴딜사업의 개념은 크게 3개 부문으로 구성된다.

- 한국판 뉴딜 지역사업: 한국판 뉴딜 종합계획에 포함된 지방비 매칭사업 및 중앙정부 추진사업이라도 지역기반형 사업으로 사업의 이익과 효과가 지방으로 다시 귀속될 것으로 예상되는 사업 (예; 첨단도로 교통체계, 그린스마트 스쿨 등).
- 지자체 주도형 뉴딜사업: 한국판 뉴딜과 연계하여 지자체가 자체 재원과 민자 투자로 추진하는 사업. 한국판 뉴딜 목표를 충실히 구현하는 동시에 지역 여건을 반영하여 특색 있는 사업 발굴(예; 서울 신축 건물 제로에너지 건축 가속화, 대구 로봇화 공장 롤모델 구축).
- 공공기관 선도형 뉴딜사업: 공공기관이 자체 재원을 활용, 지자

---

[47] 지역균형 뉴딜사업의 방향 및 주요 내용은 2020년 10월 13일 발표된 「지역균형 뉴딜」 추진방안 보고서를 토대로 작성되었다(지역과 함께하는 지역균형 뉴딜 추진방안, 2020).

체와 협업하여 추진하는 사업(예; 한국가스공사의 당진 LNG생산기지 스마트팩토리 구축. 정보통신산업진흥원과 충북혁신도시 협업을 통한 K-스마트 시범도시 구축).

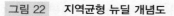
그림 22   지역균형 뉴딜 개념도

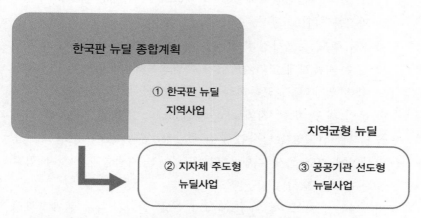

자료: 지역과 함께하는 지역균형 뉴딜 추진방안(2020b), 3면 인용.

(2) 추진방안 및 추진체계

지역균형 뉴딜에서 가장 중요시되는 특성은 '지역 구현성'과 '지역적 창의성'이다. 다시 말해 전국 각지에서 중앙정부의 재정지원을 기반으로 유사하게 '찍어 내는' 형태로 진행되는 사업이 아니라, 지역고유의 혁신역량과 자원을 토대로 창의적 뉴딜 사업을 중앙-지방-공공기관이 협력적 혹은 독자적으로 추진해야 한다는 것이다.

지역균형 뉴딜의 3대 목표는 '지역경제 혁신', '지역주민 삶의 질 개선', '국가균형발전 도모'로 요약되며, 다음의 4대 추진방안을 통해 실

현될 계획이다.[48]

- 한국판 뉴딜 지역사업 신속 실행: 1) 중앙부처가 추진하는 지자체 대상 뉴딜공모사업을 신속히 실행하며 특히 지역균형발전 목표를 고려하여 '균형발전지표 가점부여' 계획, 2) 기존의 규제자유특구, 지역특화발전특구, 경제자유구역과 연계한 시너지 효과 창출, 3) 지역산업생태계를 뉴딜 목표에 따라 점진적으로 재편하는 과정을 지원

- 지자체 주도 뉴딜사업 확산지원: 지방재정투자심사를 간소화하고 우수 지자체에 국가지방협력 특별교부세인센티브, 지방채 한도 확대 인센티브, 균특회계 인센티브 등 국가재정을 통한 다양한 동인 제공. 또한 '지역뉴딜 벤처펀드' 조성 지원

- 공공기관 선도형 뉴딜사업 추진 뒷받침: 공공기관이 선도하는 뉴딜사업에 지역 특색 결합. 혁신도시 이전 기관들과 지자체 협력을 통한 혁신도시 뉴딜 거점화

- 지속가능한 지역균형 뉴딜 생태계 조성: 한국판 뉴딜 관계장관회의에 「지역균형 뉴딜 분과반」을 구성하고 행정안전부장관과 17개 광역자치단체장 등 참여. 지자체별로 뉴딜전담부서 지정 권고 및 지원. 산업 규제·애로사항 해소를 위한 다각적 지원

현재 뉴딜 전환에 대응하기 위해 전국 광역, 기초지자체들은 제각기 고유의 뉴딜종합계획을 수립하고 사업들을 발굴하고 있는 상황이다. 예를 들어 전남도의 경우 지역 우수자원과 특성을 반영한 4조 5천억원 규모의 지역균형 뉴딜 52개 사업을 추진할 것을 2020년 11월 발표한 바 있으며, 이 중 2021년 정부 예산안에 18개 사업(1천 8억원)

---

48 지역균형 뉴딜 3대 목표 및 4대 추진방안은 2020년 10월 13일 제2차 한국판 뉴딜 전략회의에서 발표된 '지역과 함께하는 「지역균형 뉴딜」 추진방안'을 참조하였으며, 지역과 함께하는 지역균형 뉴딜 추진방안(2020).

이 반영되었다.[49] 기초지자체들도 발 빠르게 대응하고 있다. 구미시의 경우 3+1분야 4.7조원 투자를 기반으로 98개 사업을 발굴하여 4만 2천개 일자리 창출을 목표로 뉴딜 사업들을 추진하고 있다.[50]

그림 23   구미시의 뉴딜종합계획 비전체계(예시)

참 좋은 변화 행복한 구미

대한민국 대표 스마트 뉴딜 선도도시

[3+1 분야 · 98개 사업 · 4.7조원 · 4만 2천개 일자리 창출]

디지털

그린

안전망 강화

| 디지털 기반 신산업 도시 | 지속가능한 그린도시 | 시민의 삶이 행복한 안전도시 |

통합신공항 연계 G-항공 스마트밸리 완성

자료: 매일일보, https://www.m-i.kr/news/articleView.html?idxno=777447, 2021.05.21 검색.

(3) 극복해야 할 도전 이슈

지역균형 뉴딜, 한국판 뉴딜 모두 팬데믹의 위기에서 긴급하게 추진되고 있으므로 사실상 중장기적 관점의 국가경제패러다임 전환 및

---

49   연합뉴스, https://www.yna.co.kr/view/AKR20201119135900054, 2021.05.21 검색.

50   매일일보, https://www.m-i.kr/news/articleView.html?idxno=777447, 2021.05.21 검색.

지역균형발전의 목표를 달성할 수 있는 치밀한 전략들을 수립하기에는 충분한 시간이 주어지지 않았다. 일각에서는 "이미 발표한 한국판 뉴딜 사업이나 지자체·공공기관이 기존 추진하고 있던 사업을 재포장한다."는 비판도 있으며, "한도를 넘어 지방채를 발행할 수 있게 한 것"에 대한 지방 부채 누적 우려도 크다.[51]

게다가 부처 간 칸막이 행정관행이 해소되지 않은 상태에서 파편화된 공모사업들이 양산되고 지자체들은 지역고유의 자산과 창의성을 발굴할 시간도 없이 공모사업이라는 '경쟁구도' 안으로 몰입할 수밖에 없다는 우려도 있다. 또한 한국판 뉴딜 추진체계 안에서 지자체의 참여나 위상이 제한적이라는 비판적 시각도 적지 않다.

물론 급박한 경제위기 극복을 위해 '마중물'이 될 초기 사업들은 중앙정부 주도로 Top-down 형식의 운영방식에 의해 추진될 수밖에 없는 상황인 것은 사실이다. 팬데믹 대응과정에서 긴급하게 제기된 뉴딜계획이므로 사업초기에는 관 주도, 하향식, 창의성 부족한 공모사업 양산 등의 문제들이 발생할 수 있다. 그러나 막대한 공공재정이 투입되는 뉴딜사업이 계속 이러한 방향으로 운영되는 것은 결국 국가적 피해로 이어질 수 있으므로, 폭넓은 중앙-지방-민간 협력체계를 내실화하여 진정한 '지역주도형 뉴딜'로 거듭날 수 있도록 범국가적 노력이 필요한 상황이다. 특히 공모사업에 선정되기 위해 계속 파편화된 경쟁구도 안에 지자체들이 매몰되는 상황을 극복하기 위해, 중앙정부 차원에서 '효율적인 광역협력의 방향성'을 제시하고 우수협력 지자체들을 적극적으로 지원할 방안을 찾아야 할 필요가 있다.

---

51 중앙일보, https://news.joins.com/article/23893054, 2021.05.21 검색.

4) 공공기관 선도사업

정부는 한국판 뉴딜 성공을 뒷받침하기 위해 공공기관 역할을 강조하며 2020년 8월 제14차 비상경제 중앙대책본부 회의를 통해, "각 공공기관 역량을 바탕으로 스마트·비대면 등 5대 분야의 20개 과제를 선정하고 기관별 한국판 뉴딜 성과창출 TF를 구성해 적극 추진할 계획"이다.[52]

정부의 '공공기관 역할 강화방안(관계부처 합동 2020)'에 의하면 디지털·뉴딜 성과 조기 달성 및 실행력을 강화하고자 5대 분야를 중심으로 공공기관 선도사업을 추진할 것을 발표하였다.

표 15 공공기관 선도사업 분야별 과제

5대 분야	20개 과제
1. 빅데이터 활용 촉진 및 全산업 스마트·디지털化	❶ 공공기관이 수집·보유한 양질의 데이터 개방·공유·확대 ❷ 공공 빅데이터를 활용한 중소·벤처기업의 창업·사업화 지원 ❸ 스마트공장, 스마트시티, 스마트팜 등 주요산업 스마트化 지원 ❹ R&D, 신기술 도입 등을 통해 기관별 주요사업 스마트化 ❺ 국가기반시설의 스마트 관리체계 구축 등 SOC 디지털化
2. 차세대 新산업 육성을 위한 산업생태계 구축 및 공공기관 혁신조달 확대	❶ 의약품·의료기기·연관산업 대상 R&D 확대, 사업화 지원, 인재 양성 등 바이오 산업 생태계 혁신 ❷ 전기·수소차 도입 및 충전 인프라 확대, 자율주행차 활성화 기반 마련 등 미래차 산업 육성 지원 ❸ '공공기관 혁신장터'를 통해 신기술·제품에 대한 초기판로 확보 및 기술개발 지원
3. 공공자원의 공유 자원化 → 벤처·창업 지원	❶ 공공기관의 보유 시설을 활용한 벤처·창업기업 지원 ❷ 임직원의 혁신 아이디어 사업화 ❸ 우수 스타트업·벤처·창업기업을 발굴하여 자금·컨설팅 지원

---

52 뉴스핌, https://www.newspim.com/news/view/20200820000180, 2021.05.21 검색.

4. 디지털 · 비대면 新 기술 활용을 통한 공공 서비스 혁신	❶ 빅데이터 · AI 등을 활용하여 선제 · 예방적 대국민서비스 제공 ❷ 대국민 접점 분야를 중심으로 비대면 공공서비스 확산 ❸ 공공기관 고유사업을 비대면 · 디지털 중심으로 전환하여 수행 ❹ 빅데이터, AI, 머신러닝 등 신기술 도입이 적합한 업무 발굴 · 활용 ❺ 드론, AI, IoT 등 신기술을 적극 활용하여 안전 사각지대 해소
5. 에너지 · 환경 · 인 프라 분야의 그린 뉴딜 투자 확대	❶ 태양광 · 풍력 · 수소 등 신재생에너지 확산 기반 구축 선도 ❷ 녹색산업 육성을 위한 기관별 선도사업 발굴 · 추진 ❸ 스마트 그린도시, 스마트 상수도 체계 구축 등 공간 인프라 혁신 ❹ 온실가스 저감을 위해 공항, 항만 등 사회기반시설의 친환경 전환

출처: 한국판 뉴딜 뒷받침을 위한 공공기관 역할 강화방안(2020c), 2면 인용.

물론 개별 공공기관들이 위에 제시된 모든 과제를 높은 수준으로 실현하는 것은 매우 어려운 일이며, 기관의 상황에 따라 오히려 바람직하지 않을 수 있다. 공공기관들이 지속가능한 방식으로 뉴딜경제를 선도하기 위해서는 무엇보다 다음 3가지 사실에 유의할 필요가 있다.

조직의 현황에 부합하는 사업계획을 수립해야 한다.

일단, 조직의 현황을 객관적으로 파악해야 한다. 즉 '조직의 고유 임무, 보유 자산(인력, 시설 및 물리적 자산, 재무자산, 네트워크, 기술과 노하우 등), 우선순위' 등을 현실적으로 고려해야 하는 것이다. 특히 뉴딜 선도사업 과정에서 '본업 수행의 의무'가 상대적으로 위협받거나 '조직 내부의 과도한 부담'이 발생하지 않도록 유의하며 뉴딜 과제를 조직 경영에 반영해야 한다.

뉴딜 선도사업 분야 별 특성을 구분해야 한다

두 번째로 1) 기관 고유 역량과 자산을 활용한 뉴딜산업 협력 · 지원, 2) 기관이 제공하는 공공서비스 혁신과정의 뉴딜 사업적용, 3) 기관의 뉴딜인프라 투자 등은 서로 다른 영역의 목표라는 것을 이해할 필요가 있다. 이들은 각기 [표 15]의 공공기관 뉴딜 선도 5대 분야 중 3, 4, 5번째 분야에 직접적으로 해당하여, 첫 번째인 스마트·디지털화와 두 번째인 혁신투자 확대는 기관의 상황에 따라 적절히 배분되는 경우가 가장 보편적이라 할 수 있다. 물론 단일한 사업영역에서 위의 분야를 모두 적용할 수도 있다. 예를 들어 기관의 고유사업에 관련된 환경에너지사업을 활용해 이를 벤처 창업지원에도 활용하고, 지역산업클러스터와 협력할 수도 있으며, 지속적으로 인프라 구축(기관의 본업 범위 안에서)에 투자할 수도 있다. 문제는 기관 고유의 뉴딜선도목표가 치밀하게 설계되지 않은 상태에서 무조건 '그린, 디지털, 4차 산업' 등 주요 키워드에 해당하는 사업들을 혼용된 상태에서 추진하다보면 무리가 발생할 수 있다는 것이다. 예를 들어, 기관의 공공서비스를 혁신하기 위해 AI와 드론을 활용하였다 하더라도, 이들을 필히 '기업지원과 뉴딜투자' 등에 무리하게 활용할 필요는 없다는 것이다. 물론 상황에 따라 다각도로 하나의 사업부문을 활용할 수 있는 기관도 있을 수 있지만, 그렇지 않은 기관도 많다. 모든 선택은 기관의 현재 여건·역량을 고려한 뒤 이루어져야 하는 것이다. 또한 기관의 여건에 따라 단기적으로는 활용되지 않는 사업 아이템이 중장기적으로 유용하게 부각될 수 있으므로 중장기 계획은 포괄적·도전적으로, 단기 실행과제는 현실적·합리적으로 구상할 필요가 있다.

조직의 공감대와 참여 기반 위에 사업이 추진되어야 한다.

세 번째로 모든 사업과제 선정은 내부 조직의 공감대와 합의 안에서 선정되어야 한다. 외부 이해관계자들도 중요하지만 기관이 직접 수행해야 할 과제이므로 외부의 관점은 '객관화'를 위한 조언으로 활용하여야 하며, 가장 중요한 최종 결정은 전사적인 조직 참여를 통해 구축된 공감대 위에 내려져야 한다. 특히 상향식 참여방식이 선호된다면 더욱 바람직할 것이다.

마지막으로, 공공기관의 ESG 경영혁신 도입전망이 점차 가시화되면서, 공공기관이 추진하는 한국판 뉴딜(디지털, 그린뉴딜)계획의 관점에서도 ESG 패러다임이 치밀하게 내재화되어야 할 필요가 있다. 국외에서도 코로나19가 경제 체제 전반에 충격을 가하자 각국 정부와 기업들은 그간 눈여겨보지 않았던 비재무적 위험 요인에 대한 관리 필요성을 절감하였고, 조직혁신 전략에 ESG 패러다임임이 융합되고 있기 때문이다.[53] 대한민국 공공기관들은 포스트코로나 시대를 준비하기 위해 기존의 사회적 가치창출 노력과 연계하여 체계적으로 ESG 구성요소들을 기관의 한국판 뉴딜 추진계획에 연계하여야 할 필요가 있다.

---

[53] 이투데이, https://www.etoday.co.kr/news/view/1994403?utm=joinnews, 20221.05.21 검색.

▶ 팬데믹으로 인한 경기침체와 사회혼란을 극복하기 위해 우리나라를 포함한 여러 나라에서 적극적으로 경기부양책, 소위 '뉴딜정책'을 운영하고 있음

▶ 대한민국 정부의 포스트코로나 비전은 '한국판 뉴딜'을 통해 실현되며, 이와 연계된 '지역균형 뉴딜', '공공기관 선도사업' 등이 함께 추진되고 있음
- '한국판 뉴딜'은 2020년 팬데믹 시대 이후 국가경제도약을 위한 포스트코로나 종합비전이라 할 수 있음
- 디지털뉴딜, 그린뉴딜, 안전망 구축 등 3대 전략영역에서 추진되는 뉴딜 계획은 지역균형발전 목표를 위한 '지역균형 뉴딜계획'과 밀접하게 연계되어 실행되고 있음
- 우리나라 공공기관은 '공공기관 선도사업'을 통해 기관의 고유 역량을 기반으로 한국판 뉴딜을 선도하고 지역사회와 협력하여 지역균형 뉴딜을 위한 혁신거점을 구축하는 데 기여하고 있음 공공기관 선도사업이 추진되고 있음
- 공공부문의 각 조직들은 각자의 역량, 여건 등을 토대로 최적의 뉴딜실현계획을 수립하고 성과를 창출할 필요가 있음

참고문헌

1. 국내문헌

강소랑 외. 서울시 50플러스 센터 평가지표 개발. 서울특별시 50플러스 재단(2018)

강봉주. 메가트렌드가 된 ESG투자, 평가 방법론과 성과 및 최근 동향. MERITZ Strategy Daily(2020.05)

공공기관 사회적 가치 협의체. 공공기관 사회적 가치 안내서(2019)

공공기관연구센터. 2019 공공기관과 국가정책 제1권. 한국조세재정연구원(2019)

공병천. (2012). 성과관리 제도 운영 분석 및 정책과제: 중앙행정기관을 중심으로. 한국공공관리학보, 26(4), 55–84.

곽채기 · 오영균. 공공기관의 ISO 26000 활용 촉진을 위한 정부의 역할과 과제. 동국대학교산학협력단(2013)

관계부처합동. 한국판 뉴딜 종합계획(2020a)

_____. 지역과 함께하는「지역균형 뉴딜」추진방안(2020b)

_____. 한국판 뉴딜 뒷받침을 위한 공공기관 역할 강화방안 (2020c)

_____. 내 삶을 바꾸는 2021년 한국판 뉴딜 추진계획(2021)

국무조정실. 성과지표 개발 · 관리 매뉴얼(2006)

_____, 한국정책학회. 성과지표 개선방안 연구(2015)

국무총리실. 2012년 중앙행정기관 자체평가 세부시행계획(2012)

국회예산정책처. 2021년도 공공기관 예산안 분석 I(2020)

권상로. (2016). 기업의 사회적 책임에 관한 법적 연구. 한독사회과
학논총, 26(2): 3–24.

기획재정부. 공공기관 경영평가제도 개선방안(2017)

_____. 2018년도 공공기관 경영평가 편람(2017)

_____ · 한국조세재정연구원. 2020 공공기관 경영평가 편람
(2020)

김도형 · 차경천. (2016). 제도적 환경이 기업의 CSR 국제표준 이행에
미치는 영향. 통계연구, 21(2): 25–52.

김성기. 사회적 경제와 공공성의 확대를 위한 사회적 가치의 제도화
(2013)

김성수. (2006). 공공부문의 BSC 운용에 대한 만족도 평가: 해양경찰
청의 전략 맵을 중심으로. 한국행정논집, 18(4): 1029–1054.

김용훈 · 조만형 · 김철희. (2005). 정부부처 BSC 적용사례와 시사점.
학술대회 발표논문집, 103–123.

김윤권 외. (2019). 공직자들의 적극행정 리더십 연구. 한국행정연구원

김은희. (2010). BSC를 활용한 공공서비스 핵심성과지표 개발에 관
한 연구. 한국행정논집, 22(2): 349–375.

김태근, (2021). 바이든 행정부 코로나19 대응정책(Amercian Rescue
Plan Act)의 성립과정과 배경. 국제사회보장리뷰, 16.

김태영 외. (2017). 인재개발분야의 사회적 가치 정리 및 확산 방안
연구. 국가공무원인재개발원.

김태영 외. (2019). 사회적 가치 이해와 평가. 국가공무원인재개발원.

김현희 · 박광동. (2018). 공공기관의 사회적 가치 강화를 위한 법제
개선방안 연구. 한국법제연구원.

김형욱. (2010). ISO 26000(사회적 책임) 국제표준 제정과 이행이
우리 산업에 미치는 영향과 효율적 대응방안, 품질경영학회지,

38(2): 236-247.

김호식 · 안치순. (2015). 공공기관의 사회적 책임모형에 관한 연구-
   한국남부발전 삼척그린파워의 사회적기업 비즈니스모델을 중심
   으로-. 한국비교정부학보, 19(4): 1-30.

딜로이트(Deloitte). (2020). 지속가능경영, ESG경영으로의 전
   환을 위한 기업들의 전략적 접근방안. Deloitte Insights.
   Climate&Sustainability 특집.

딜로이트 안진회계법인 딜로이트 컨설팅. (2015). 공공부문에서의 이
   해관계자 분석.

라영재. (2017). 공공기관의 사회적 책임에 관한 정부의 역할 연구.

류정선. (2020). 최근 글로벌 ESG 투자 및 정책동향. 한국금융투자협
   회. https://www.kofia.or.kr/index.do

박명규, 이재열 (2018). 사회적 가치와 사회혁신. 한울아카데미.

박명규. (2018). 사회적 가치의 다차원적 구조. Social Innovation
   Monitor vol.15.

박순애 외. (2017). 공공부문의 성과측정과 관리. 문우사.

박정윤 · 최현선. (2020). 국민제안제도의 사회적 가치 방향성과 실현
   역량 증대를 위한 연구. 현대사회와 행정, 30(2): 59-88.

박충훈 · 이현철 · 김지연. (2016). 적극행정 평가지표개발 연구. 경기
   연구원.

박홍윤. (2014). 공공조직을 위한 전략적 기획론. 서울: 대영문화사.

서영빈 · 이윤식. (2020). 정부업무평가기본법 하에서 성과관리를 위
   한 자체평가에 관한 탐색적 연구: 교육부와 보건복지부의 사례를
   중심으로. 정책분석평가학회보, 30(4): 29-62.

성도경 · 장철영 · 이지영. (2008). BSC 관점에서의 지역정보화 성과
   평가에 관한 연구. 대한정치학회보, 16(1): 303-330.

신철호 · 김재은. (2008). 지속가능경영의 현황과 과제.

양동수 외. (2019). 공공기관의 사회적 가치 실현: 포용국가 시대의 조직 운영 원리. LAB2050.

오정일. (2012). 비용편익분석의 유용성에 관한 이론적 검토. 정책분석평가학회보, 22(1): 33-57.

우형진 (2015), 미디어 기업의 사회적 책임 전략 경영 연구.

윤태범 외. (2017). 사회적 가치 실현을 위한 평가방안 연구. 국무조정실.

이인태 · 최진용. (2016). PDCA를 활용한 서비스 프로세스 혁신 분석. 서비스경영학회지, 17(4): 143-160.

이준희. (2018). 기업의 사회적 가치와 커뮤니케이션: 비재무 공시 (ESG) 전략. Deloitte Korea Review, 11: 55-63.

이찬 · 임재원 · 강두천. (2010). 공공부문의 BSC 기반 성과관리시스템의 개선 전략. 농업교육과 인적자원개발, 42(2): 243-262.

임도빈. (2010). 관료제 개혁에 적용한 신공공관리론, 무엇이 문제인가. 한국사회와 행정연구. 21(1): 1-27.

정재하. (2005). 공공 부문의 범위 와 고용 변화 분석. 한국 노동 연구원.

정재호. (2006). 미래예측 방법론: 이론과 실제. 나라경제.

정종태. (2018). 강조되고 있는 공공기관 및 기업의 '사회적 가치' 실천. 노동법률 201806.

차정현 · 김수욱. (2006). Malcolm Baldrige 와 Balanced Scorecard 의 연계에 관한 연구. Journal of information and operations management (경영정보논총), 16.

최현선. (2018). 사회가치를 반영한 공공기관 평가제도 혁신. 조세재정연구원 웹사이트. https://www.kipf.re.kr

한국콘텐츠진흥원. KOCCA 지속가능 경영체계 구축 기초연구(2019)

한국행정연구원 사회조사센터. 데이터로 본 일반국민과 공무원에게 가장 중요한 공직자의 자질은. Data Brief(2019)

한국행정연구원. (2018). 사회적 가치 실현을 위한 정부혁신방안. 경제·인문사회연구회 협동연구총서.

한국행정학회. 사회적 가치 실현을 위한 평가방안 연구(2017)

한국행정학회. 사회적 가치와 공공가치에 관한 연구. 사회적가치연구원(2019)

한상일. (2013). 한국 공공부문의 다양화와 새로운 책임성 개념의 모색. 한국조직학회보, 10(2): 123-151.

행정안전부. (2012). 전략적 성과관리체계구축을 위한 진단 최종보고서. IBS.

허만형·김주환·이석환. (2008). 정부업무평가 기본방향과 제도운영에 대한 실태분석. 한국정책과학학회보, 12(1): 1-18.

Expert Consulting. 적극행정 기본교육교재. 인사혁신처(2019)

KOTRA. 코로나19에 다른 주요국 일자리 정책동향(2020)

2. 국외문헌

Allison, M., & Kaye, J. (2011). Strategic planning for nonprofit organizations: A practical guide and workbook. John Wiley & Sons.

Arveson, P. (1999). Translating Performance Metrics from the Private to the Public Sector. Retrieved from www.balancedscorecard.org

Bryson, J. M. (1995). Strategic planning for public and nonprofit. Organizations, rev. ed. San.

Bryson, J. M., & Roering, W. D. (1988). Initiation of strategic planning by governments. Public administration review, 995-1004.

Kaplan, R. S., & Norton, D. P. (1996). Using the balanced scorecard as a strategic management system.

Koteen, J. (1989). Strategic management explained. Strategic Management in Public and Non-profit Organizations.

Noe, M. et al. (2006, June). The development of the KATRIN magnet system. In Journal of Physics: Conference Series(Vol. 43, No. 1, p. 174). IOP Publishing.

OECD. (1997). International Benchmarking Experiences from OECD Countries. Paris: OECD. https://www.oecd.org/governance/budgeting/1902957.pdf.

Steiner, G. A. (2010). Strategic planning. Simon and Schuster.

IIEP-UNESCO. (2010). Strategic planning: techniques and methods.

찾아보기

저자 약력

최현선
연세대학교 행정학 학사, 석사
미국 남가주대학교(University of Southern California) Ph.D
명지대학교 행정학과 교수
University of North Florida 교수
기획재정부 준정부기관 경영평가단 단장
대통령 직속 정책기획위원회 위원

행정기획론: 공공부문의 전략기획과 성과관리

초판발행	2021년 6월 30일
중판발행	2021년 9월 10일
지은이	최현선
펴낸이	안종만·안상준
편 집	양수정
기획/마케팅	정성혁
표지디자인	BEN STORY
제 작	고철민·조영환
펴낸곳	(주) **박영사**
	서울특별시 금천구 가산디지털2로 53, 210호(가산동, 한라시그마밸리)
	등록 1959.3.11. 제300−1959−1호(倫)
전 화	02)733−6771
f a x	02)736−4818
e-mail	pys@pybook.co.kr
homepage	www.pybook.co.kr
ISBN	979−11−303−1332−0 93350

copyright©최현선, 2021, Printed in Korea

정 가   13,000원